Das Hambacher Schloß
Ein Fest für die Freiheit

LANDAU.

»... während den Tagen des Hambacher Festes hätte mit einiger Aussicht guten Erfolges die allgemeine Umwälzung in Deutschland versucht werden können. Jene Hambacher Tage waren der letzte Termin, den die Göttinn der Freyheit uns gewährte...«

Heinrich Heine zum Hambacher Fest am 27. Mai 1832

Das Hambacher Schloß

Ein Fest für die Freiheit

Herausgegeben von Meinrad M. Grewenig

Mit Beiträgen von
Karin Birk
Cornelia Förster
Meinrad M. Grewenig
Friederike Landmesser
Wolfgang Leitmeyer
Ludger Tekampe
Gabriele Thölken

und Originalzitaten von
Ludwig Börne
Heinrich Heine
Philipp Jakob Siebenpfeiffer
Johann Georg August Wirth
und anderen

Hatje

Beirat der Ausstellung

Martin Baus
Siebenpfeiffer-Stiftung, Homburg

Prof. Dr. Thomas Daum
Staatskanzlei Rheinland-Pfalz, Mainz

Dr. Cornelia Foerster
Direktorin der Historischen Museen der Stadt Bielefeld

Prof. Dr. Friedrich P. Kahlenberg
Präsident des Bundesarchives, Koblenz

Georg Kalbfuß
Landrat des Landkreises Bad Dürkheim

Dr. Joachim Kermann
Landesarchiv, Speyer

Prof. Dr. Ursula E. Koch
Institut für Kommunikationswissenschaft, München

Wolfgang Leitmeyer
Historisches Museum der Pfalz, Speyer

Dr. Dietmar Preißler
Haus der Geschichte der Bundesrepublik Deutschland, Bonn

Dr. Karin Schambach
Schirn Kunsthalle, Frankfurt

Karl Scherer
Direktor des Instituts für pfälzische Geschichte und Volkskunde, Kaiserslautern

Prof. Dr. Christoph Stölzl
Generaldirektor des deutschen Historischen Museums, Berlin

Dr. Jürgen Weiler
Oberbürgermeister der Stadt Neustadt

Claus-Peter Westrich
Hambach-Gesellschaft, Neustadt

Staatsministerin Dr. Rose Götte
Ministerium für Kultur, Jugend, Familie und Frauen

Staatssekretär Dr. Joachim Hofmann-Göttig
Ministerium für Kultur, Jugend, Familie und Frauen

Ausstellungskommisar
Dr. Meinrad M. Grewenig
Direktor des Historischen Museums der Pfalz, Speyer

Ausstellung

Konzept und Gesamtleitung
Meinrad M. Grewenig
Ausstellungskommissar

Finanzabwicklung
Gerhard Bossert Verwaltungskoordination

Ausstellungskoordination
Wolfgang Leitmeyer

Typographie und Gestaltung
Designbüro Ehmer

Interiordesign Rüdiger Seufert und Partner

Ausstellung
Meinrad M. Grewenig, Wolfgang Leitmeyer
In Zusammenarbeit mit Joachim Ehmer und Rüdiger Seufert

Story-Board Karin Birk

Ausstellungsteam
Wolfgang Leitmeyer, Leitung
Ludger Tekampe, Objektrecherche
Friederike Landmesser, Gabriele Thölken, Ausstellungssekretariat

Multimedia Konzept
Klaus Konstantin Sondermann

Realisierung Multimedia und Sound
3D-Werkstatt Saarbrücken

Kommunikationsteam
Sabine Karle, Leitung
Albrecht Gill
Cathérine Biasini

Assistentin des Ausstellungskommissars
Sabine Kaufmann

Restauratorische Betreuung
Lucius Alsen, Ottmar Heller, Eckhard Rink
Martin Spies

Dokumentation Kurt Diehl

Ausstellungstechnik
Karl-Heinz Bauer
Michael Beck, Walter Maschner
Wolfgang Voellmann, Hans-Peter Wermann

Sekretärin des Ausstellungskommissars
Beate von Fleischbein

Mitarbeiterin des Verwaltungskoordinators
Alexandra Schreiber

Publikationen

Diese Publikation erscheint anläßlich der Ausstellung
Das Hambacher Schloß
Ein Fest für die Freiheit

Herausgeber
Meinrad M. Grewenig

Bild- und Textredaktion
Meinrad M. Grewenig, Karin Birk

Texte
Karin Birk KB
Cornelia Förster CF
Meinrad M. Grewenig MMG
Friederike Landmesser FL
Wolfgang Leitmeyer WL
Gabriele Thölken GT
Ludger Tekampe LT

Gestaltung
Meinrad M. Grewenig
Saskia H. Rothfischer

Katalogumschlag
Designbüro Ehmer

Fotos siehe Abbildungsnachweis

Satz und Reproduktionen
Repro Mayer, Reutlingen

Gesamtherstellung
Dr. Cantz'sche Druckerei
Ostfildern-Ruit bei Stuttgart

Erschienen im
Verlag Gerd Hatje, Senefelderstraße 12
73760 Ostfildern-Ruit

ISBN 3-7757-0757-3

Printed in Germany

Abbildung Katalogumschlag Rückseite
Zug auf das Hambacher Schloß
am 27. Mai 1832

Federlithographie
Historisches Museum der Pfalz Speyer

Abbildung Vor- und Nachsatz
Ausschnitt aus: Zug auf das Hambacher Schloß am 27. Mai 1832

Federlithographie
Historisches Museum der Pfalz Speyer

Ausstellungskommisar Direktor Dr. Meinrad M. Grewenig. Das Projekt Hambacher Schloß ist eine Initiative des Landes Rheinland-Pfalz, Ministerium für Kultur, Jugend, Familie und Frauen, und des Landkreises Bad Dürkheim, Pfalz, finanziert aus den Mitteln der Stiftung Rheinland-Pfalz für Kultur und des Bundesministeriums des Inneren. Powered by Historisches Museum der Pfalz Speyer

Inhalt

Leihgeber

Museum der Stadt Bad Bergzabern

Heimatmuseum der Stadt Bad Dürkheim im Haus Catoir

Museumsgesellschaft Bad Dürkheim e. V.

Landkreis Bad Dürkheim

Bundesarchiv Koblenz, Außenstelle Frankfurt

Stadt- und Festungsmuseum Germersheim

Jönköpings läns museum, Schweden

Theodor Zink Museum Kaiserslautern

Heimatmuseum Kirchheimbolanden

Archiv und Museum der Stadt Landau

Deutsches Buch- und Schriftmuseum der Deutschen Bücherei Leipzig

Gutenberg-Museum Mainz

Wittelsbacher Ausgleichsfonds, München

Museum der Stadt Neustadt a. d. W.

Stadtarchiv Neustadt a. d. W.

Historisches Museum der Pfalz Speyer

Landesarchiv Speyer

Landesbibliothek Speyer

Waffenmuseum Suhl

Land Rheinland-Pfalz

Klaus Mallmann-Münch

Weingut Fitz-Ritter, Bad Dürkheim

Wilhelm, Grünstadt

und Leihgeber, die nicht genannt sein wollen

Für besondere Unterstützung gilt Dank:

Dr. Willi Alter, Präsident der Pfälzischen Gesellschaft zur Förderung der Wissenschaft

Bernd Barde, Dr. Cantz'sche Druckerei, Ostfildern

Andreas Böhm, Repro Mayer, Reutlingen

Gerhard Berzel, Neustadt a. d. W.

Wolfgang Birk, Saarbrücken

Klas Börjesson, Direktor des Jönköpings läns museum, Schweden

Ortwin Bunde, Frankfurt

Dr. Karl Heinz Debus, Direktor des Landesarchivs Speyer

Dr. Peter Dunkel, Theodor Zink Museum Kaiserslautern

Gerhard Handrich, Beigeordneter der Stadt Neustadt a. d. W.

Dr. Eva Hanebutt-Benz, Direktorin des Gutenberg-Museums Mainz

Dr. Hartmut Harthausen, Direktor der Pfälzischen Landesbibliothek Speyer

Staatssekretär Dr. Joachim Hoffmann-Göttig, Ministerium für Kultur, Jugend, Familie und Frauen

Martina Jost-Morsch, Kostüm & Co. Dillingen

Dr. Joachim Kermann, Landesarchiv Speyer

Landrat Georg Kalbfuß, Landkreis Bad Dürkheim

Karin Klein, Bildarchiv Preußischer Kulturbesitz, Berlin

Otto Klippel, Stadt und Festungsmuseum Germersheim

Wolfgang Knapp, Heimatmuseum Bad Dürkheim

Elisabeth Krämer, Direktorin des Waffenmuseums Suhl

Klaus Mallmann-Münch

Rüdiger Mayer, Repro Mayer, Reutlingen

Dr. Wolfgang Michalka, Bundesarchiv Koblenz, Außenstelle Frankfurt

Liselotte Munther, Jönköpings läns museum Jönköping, Schweden

Ministerialrat Anton Neugebauer,

Ministerium für Kultur, Jugend, Familie und Frauen

Max Oppel, Wittelsbacher Ausgleichfonds, München

Lothar Poethe, Deutsches Buch- und Schriftmuseum der Deutschen Bücherei Leipzig

Clemens Poblotzki, 3D-Werkstatt Saarbrücken

Saskia H. Rothfischer, Dr. Cantz'sche Druckerei, Ostfildern

Dr. Georg Graf von Schall-Riaucour, Generaldirektor des Wittelsbacher Ausgleichsfonds München

Joachim Schulz, Kreisverwaltung Bad Dürkheim

Prof. Dr. Harald Siebenmorgen, Direktor des Badischen Landesmuseums Karlsruhe

Klaus Konstantin Sondermann, Mainz

Werner Spengler, 3D-Werkstadt Saarbrücken

Heiner Stauder , Museum der Stadt Neustadt a. d. W.

Jakob Theobald, Heimatmuseum Kirchheimbolanden

Petra Thomas, Mit Hut, Speyer

Dr. Jürgen Vorderstemann, Landesbibliothek Speyer

Günther Volz, Museum der Stadt Bad Bergzabern

Thomas Wansch, Landkreis Bad Dürkheim

Oberbürgermeister Dr. Jürgen Weiler, Neustadt a. d. W.

Rudolf Wengemuth, Deutsches Buch- und Schriftmuseum der Deutschen Bücherei Leipzig

Dipl.-Ing. Sebastian Wirth, Frankfurt

MMG

Liebe Bürgerinnen und Bürger,

»Hinauf, hinauf zum Schloß!«, mit diesen Worten sind Sie, liebe Bürgerinnen und Bürger, zum Besuch der Ausstellung. »Ein Fest für die Freiheit« im Hambacher Schloß eingeladen. Die Stufen, die Sie hinaufsteigen, sind historische Stufen: 1832 zogen rund 30000 Bürger, Bauern und Winzer mit ihrer Hoffnung auf Freiheit auf dem gleichen Weg hinauf zum Hambacher Schloß. Die Stufen, die Sie hinaufsteigen, sind auch symbolische Stufen: ohne das Hambacher Fest 1832 und die pfälzisch-badische Revolution 1848/49 sind unsere heutige Demokratie und unser Demokratieverständnis undenkbar. Beide Ereignisse sind entscheidende Abschnitte auf dem langen und schwierigen Weg in unseren demokratischen Rechtsstaat. »Hinauf, hinauf zum Schloß« fordert Sie auf, die historischen und symbolischen Stufen nachzuvollziehen und sich dabei der großen Bedeutung der politischen Ereignisse hier im pfälzischen Raum bewußt zu werden.
In dieser Verpflichtung hat das Land Rheinland-Pfalz bereits 1982 die Stufen »hinauf zum Schloß« wieder begehbar gemacht und mit einer ersten Ausstellung den Blick auf die pfälzischen Wurzeln der deutschen Demokratie gelenkt. Das 150jährige Jubiläum der pfälzisch-badischen Revolution nimmt die Landesregierung zum Anlaß – vor allem jungen Menschen – einen Zugang zu den Ursprüngen, der nur über den steilen Aufstieg zum Hambacher Schloß erlebbar ist, zu ermöglichen.
Mein Dank gilt Ausstellungskommissar Dr. Meinrad M. Grewenig, Direktor des Historischen Museums der Pfalz Speyer.
Gemeinsam mit seinem Team ist es ihm gelungen, die politischen Hauptereignisse in einer hochspannenden Präsentation zusammenzufassen.

Kurt Beck
Ministerpräsident des Landes Rheinland-Pfalz

Liebe Freunde des Hambacher Schlosses,

das Hambacher Fest vom 27. Mai 1832 ist ein Meilenstein auf dem Weg der Deutschen zur nationalen Einheit und zur Demokratie, zur Anerkennung, daß alle Staatsgewalt vom Volke ausgeht.
Den damaligen Vorkämpfern für die Achtung der Menschenwürde, für gleiche Rechte der gesamten Bevölkerung, für die Freiheit der Presse, der Rede, der politischen Vereinigung verdanken wir mit, daß sich unser Volk im Grundgesetz für die Bundesrepublik Deutschland zu unverletzlichen und unveräußerlichen Menschenrechten als Grundlage jeder menschlichen Gemeinschaft des Friedens und der Gerechtigkeit in der Welt bekennt.
Weitsichtig forderten Redner des Hambacher Festes die Neugestaltung Europas auf der Grundlage der Selbstbestimmung freier und gleichberechtigter Völker. Das sich einende Europa unserer Zeit hat damit seine geistigen Wurzeln auch im Hambacher Fest.
Die neue Ausstellung im Hambacher Schloß thematisiert die pfälzisch-badische Revolution 1848/49 und die Freiheitsgeschichte der Menschheit.
Aufgabe der neuen Ausstellung soll nicht nur die Darstellung dieser bedeutenden historischen Ereignisse sein. Geist und Ziele des Hambacher Festes sollen in die Zukunft reichen. Sie können helfen, dem Miteinander der Menschheit ein tragfähiges Fundament zu geben.
Neben der Einforderung der Menschenrechte soll jeder von uns seine Menschenpflichten setzen. Beherzigen wir die in allen großen Kulturen erkannte Regel eines ersprießlichen Zusammenlebens: Man soll die Menschen so behandeln, wie man selbst behandelt werden möchte.
Möge die Hambach-Ausstellung in diesem weltbürgerlichen, humanen Geist viele aufgeschlossene, begeisterungsfähige und diese Ideale tragende Menschen ansprechen.

Georg Kalbfuß
Landrat des Landkreises Bad Dürkheim

Einheit, Freiheit und Bürgerrechte

sind zentrale Forderungen der Teilnehmer des Hambacher Festes 1832. Der 27. Mai 1832, Tag des Hambacher Festes, ist Endpunkt, Wendemarke und Anfang eines vielschichtigen Entwicklungsprozesses. Das Hambacher Fest ist ein historisches Fanal mit Auswirkungen bis in unsere Tage.
Für mein Team und mich war es eine besondere Herausforderung, in der »Wiege der deutschen Demokratie«, dem Hambacher Schloß, eine Ausstellung einzurichten, in deren Fokus das Hambacher Fest 1832 und die pfälzisch-badische Revolution 1848/49 stehen. Die 200 Exponate der Ausstellung werden ergänzt durch 500 Bilder und Grafiken, die in digitalisierter Form in den Multimediaeinheiten und der Multivision informieren. Das vorliegende Buch versammelt die Objekte und Bilder der Ausstellung in einer lebendigen Abfolge.
Das Ausstellungsprojekt »Ein Fest für die Freiheit« im Hambacher Schloß war ein Unterfangen vieler. Mein besonderer Dank gilt Frau Staatsministerin Dr. Rose Götte, Ministerium für Kultur, Jugend, Familie und Frauen, Rheinland-Pfalz, die das Projekt »HambacherSchloß« initiiert und die Finanzierung aus Mitteln der Stiftung Rheinland-Pfalz für Kultur realisiert hat. Dank gilt auch dem Landkreis Bad Dürkheim, Eigentümer des Hambacher Schlosses, mit seinem Landrat Herrn Georg Kalbfuß an der Spitze, für die kooperative Unterstützung. Herzlicher Dank gilt allen Leihgebern, die ihre kostbaren Objekte für die Ausstellung zur Verfügung gestellt haben. Dank gilt der Stiftung Historisches Museum der Pfalz Speyer, die das Ausstellungsprojekt gefördert hat. Dank schulde ich allen, die an der Realisierung von Ausstellung, Multimedia, Katalog und Kommunikation mitgewirkt haben. Ohne den selbstlosen hohen persönlichen Einsatz meines Teams und aller meiner Mitarbeiterinnen und Mitarbeiter im Historischen Museum der Pfalz Speyer, wäre die Verwirklichung der Ausstellung »Ein Fest für die Freiheit« im Hambacher Schloß nicht möglich gewesen. Ihnen danke ich ausdrücklich und von Herzen.

Meinrad M. Grewenig, Ausstellungskommissar

Stationen der Freiheit

»Unser Ziel ist es, daß Europa einmal ein großes, gemeinsames Haus für die Europäer wird, ein Haus der Freiheit.«

Konrad Adenauer (1876–1967)

1. Bundeskanzler der Bundesrepublik Deutschland

Der Traum von der Freiheit ist so alt wie die Menschheit. Vom Beginn des Abendlandes im antiken Griechenland, wo bereits 594 v. Chr. die erste Demokratie entstand, bis hin zur heutigen Zeit markieren diese »Stationen der Freiheit« wichtige Punkte der Menschheitsgeschichte. Revolution und Kampf, aber auch friedliche Massendemonstrationen – wie das Hambacher Fest 1832 – sind Meilensteine in der Entwicklung von Demokratie und Freiheit.

Chronologie

Perikles

Pergamon Museum Berlin

594 v. Chr.

»Wir leben in einer Staatsform, die sich auf die Mehrheit im Volk stützt und Demokratie genannt wird.«

Der griechische Politiker Perikles (500–429 v. Chr.) über den athenischen Staat um 457 v. Chr. Bereits 594/93 v. Chr. entstanden im antiken Griechenland die ersten demokratischen Ideen.

um 50 n. Chr.

»Der Herr ist der Geist; wo aber der Geist des Herrn ist, da ist Freiheit.«

Zweiter Brief des Paulus an die Korinther, Kapitel 3,17

Kreuzigung, 14. Jahrhundert

Elfenbein

Stift Kremsmünster

Ambrogio Lorenzetti

»Das gute Stadtregiment«, 1338

Fresko, Palazzo Pubblico, Siena

um 1200

»Stadtluft macht frei«

Gelang es einem leibeigenen Bauern um 1200 ein Jahr und einen Tag in der Stadt zu leben, war er frei und konnte das Bürgerrecht erwerben.

Aufständischer Bauer

Kunstbibliothek Preußischer Kulturbesitz

Berlin

1524/25

»Wir wollen frei sein«

gehörte 1524/25 mit zu den Forderungen der aufständischen Bauern im Bauernkrieg. Martin Luthers Schrift zur Reformation »Die Freiheit eines Christen-Menschen« löste einen Aufschrei nach mehr Freiheit aus.

Emanuel Gottlieb Leutze (1816–1868)
»Washingtons Übergang über den Delaware«

1776

»... daß alle Menschen gleich geschaffen sind, daß sie von ihrem Schöpfer mit gewissen unveräußerlichen Rechten ausgestattet sind, darunter Leben in Freiheit und Streben nach Glück ...«

Unabhängigkeitserklärung der Vereinigten Staaten von Amerika, 4. Juli 1776

1789

»Freiheit, Gleichheit, Brüderlichkeit«

Mit der Erstürmung der Bastille am 14. Juli 1789 beginnt die Französische Revolution, die den Menschenrechten und letztendlich auch der Demokratie zum Durchbruch verhalf.

Die Einnahme der Bastille
am 14. Juli 1789
Musée Carnavalet Paris

1817

»Vier lange Jahre sind seit jener Schlacht auf den Fluren Leipzigs verflossen. Das deutsche Volk hatte schöne Hoffnung gefaßt. Viel Großes und Herrliches, was geschehen konnte und mußte, ist unterblieben. Mit heiligen und edlen Gefühlen ist Spott und Hohn getrieben worden.«

Redner auf dem Wartburgfest, 1817

»Die Wartburgfeyer 18.10.1817«

Institut für Hochschulkunde Würzburg

1830

»Da fielen mitten in dies Alltagsgesumme deutschen Stillebens die Kanonenschläge der Julirevolution. ... Während in Paris, Brüssel und Warschau Blut in Strömen geflossen war ... trug die Bewegung in Deutschland den alten, halb gemütlichen, halb phantastischen Anstrich.«

Carl Heinrich Alexander Pagenstecher, Politiker, über die Julirevolution in Paris 1830 und ihre Folgen in Europa

Abbildung: Eugène Delacroix (1798–1863)

»Die Freiheit führt das Volk«, 1830

Louvre Paris

1832

»Jene Hambacher Tage waren der letzte Termin, den die Göttinn der Freyheit uns gewährte ...«

Heinrich Heine zum Hambacher Fest am 27. Mai 1832

Zug auf das Hambacher Schloß, 1832

Historisches Museum der Pfalz Speyer

1848

»Frankreich ist Republik! Auch für uns hat die Stunde geschlagen.«

Flugblatt eines geheimen Demokratenzirkels zur Februarrevolution in Paris 1848 mit der Aufforderung, es dem Volk von Paris gleichzutun

Barrikadenkämpfe in der Breiten Straße in Berlin in der Nacht vom 18. zum 19. März 1848

Staatliche Museen zu Berlin

Titelblatt der Märzzeitung, 1897

Hauptstaatsarchiv Düsseldorf

1863

»Freiheit, Gleichheit, Brüderlichkeit – Einigkeit macht stark«

Inschrift der Fahne des 1863 gegründeten Allgemeinen Deutschen Arbeitervereines

1919

»In der Revolution erhob sich das Volk gegen eine veraltete, zusammenbrechende Gewaltherrschaft. Sobald das Selbstbestimmungsrecht des deutschen Volkes gesichert ist, kehrt es zurück auf den Weg der Gesetzmäßigkeit.«

Friedrich Ebert am 11. Februar 1919 in seiner Eröffnungsrede vor der Nationalversammlung in Weimar

Demonstrationszug im Januar 1919, Berlin

Die Geschwister Hans und Sophie Scholl
und Christoph Probst

1943

»Im Namen der ganzen deutschen Jugend fordern wir von dem Staat Adolf Hitlers die persönliche Freiheit, das kostbarste Gut des Deutschen, zurück, um das er uns in der erbärmlichsten Weise betrogen hat.«

Aus dem letzten Flugblatt der »Weißen Rose«, das Hans und Sophie Scholl am 18. Februar 1943 von der Galerie in den Lichthof der Ludwig-Maximilian-Universität in München hinunterflattern ließen.

Die Fahnen der Bundesrepublik Deutschland
und der Deutschen Demokratischen Republik

1949

»Das gesamte deutsche Volk bleibt aufgefordert, in freier Selbstbestimmung die Einheit und Freiheit Deutschlands zu vollenden.«

Aus der Präambel des Grundgesetzes für die Bundesrepublik Deutschland vom 23. Mai 1949

1968

»Unterm Pflaster liegt der Strand«

Schlagwort bei den Demonstrationen 1968

Demonstration gegen die Verabschiedung der Notstandsgesetze, 11. Mai 1968

Öffnung der Mauer in Berlin in der Nacht vom 9. zum 10. November 1989

1989

»Wir sind das Volk«

Leitsatz der Bürger der Deutschen Demokratischen Republik, 1989

Zug zum Hambacher Schloß

am 27. Mai 1832

Stich

Historisches Museum der Pfalz Speyer

Annäherung an das Hambacher Fest

Eine Grafik aus dem Jahre 1832 schildert das Ereignis des Hambacher Festes. Aufgereiht in einer langen Schlange pilgern die etwa 30 000 Menschen in einem wohlgeordneten Zug über den Schloßberg hinauf zum Hambacher Schloß. Ein junger Mann – wohl Johann Philipp Abresch – ist gezeigt, wie er die schwarz-rot-goldene Fahne mit der Aufschrift »Deutschland Wiedergeburt« auf die höchste Spitze der Schloßruine aufpflanzt. In der Menschenschlange sind unterschiedliche Gruppen zu erkennen. Die Polen und Franzosen zeichnen sich durch eine besondere Kopfbedeckung und Tracht aus. Winzer, Studenten, Bürger, Handwerker und Abgeordnete sind zu erkennen. Männer und Frauen gehen im Zug mit, bei näherer Vertiefung in die Darstellung kann man den Landrat des pfälzischen Rheinkreises erkennen. Zelte und Rednertribünen deuten auf besondere Ereignisse. Über dem Geschehen lagert breit die Ruine des Hambacher Schlosses. Bäume mit bizarren Blättern rahmen die Szenerie.

Außer dieser Darstellung und ihrer Wiederholung existiert keine bildliche Formulierung der Ereignisse des 27. Mai 1832. Die Ideen, Schicksale, Programme sind ausnahmslos in schriftlicher Form überliefert.

Die bildliche Schilderung der Hambacher Ereignisse erzählt, daß viele Menschen zusammengekommen sind, offensichtlich fröhlich gestimmt, die schwarz-rot-goldenen Fahnen schwingend, trinkend, essend und von Musik begleitet. Lediglich die schwarz-rot-goldene »Trikolore« deutet auf die ungeheueren Veränderungen hin, die in Europa im Gange waren. Nichts läßt das Ergebnis und nichts die Folgen erahnen.

Die Darstellung schildert fast reportagenhaft ein momentanes Ereignis im pfälzischen Hambach. Trotz der hohen Bedeutung für unsere moderne Gesellschaft, finden sich keine großen symbolischen Formen. Noch wenige Jahre zuvor, während der Herrschaft Napoleons, war dies noch ganz anders. Zahlreiche Schlachtenbilder, sowohl als Ölgemälde als auch in vervielfältigter Form der weitverbreiteten Grafiken, kündeten von den Taten Frankreichs. Hervorragende Künstler wie Jacques Louis David (siehe Seite 45) oder Eugène Delacroix (siehe Seite 58–60) schufen

mächtige Programmbilder, die die Grundideen symbolisierten.
Die neue Selbstbestimmung der Menschen mit ihren Forderungen nach Freiheit, Bürgerrechten und nationaler Einheit setzen ein neues Bildverständnis voraus, das nicht mit pathetischen bildlichen Formeln für die Ereignisse und Forderungen operiert. Die Karikatur, die mit spitzer Feder Zustände in den Blick nimmt und anprangert, hat Konjunktur. Die Romantik eines Caspar David Friedrich hat diese neue Auffassung des Menschen von der Welt bildlich formuliert. Die subjektive und auf den einzelnen bezogene Perspektive ist an die Stelle eines festgefügten »Staatsgebäudes« getreten. Diese neue Auffassung des einzelnen von der Welt geht einher mit einem Rückzug aus der vielgestaltigen Welt in die Idylle des Privatlebens und der Familie. Allgemein bezeichnet man diese Zeit von 1814 bis 1848 auch als Biedermeier. Eine Ausstellung, die diese Zeit thematisiert, kann nicht auf eindeutige Programmbilder

Heinrich Jokob Fried (1802–1870)
Das Hambacher Schloß, 1843
Öl auf Leinwand
Museum der Stadt Neustadt a. d. W.

Ferdinand Georg Waldmüller
(1793–1865)
Bildnis des Dr. Josef August Eltz mit seiner Gemahlin Caroline und seinen acht Kindern, Öl auf Leinwand, 124 x 110 cm
Österreichische Galerie im Belvedere
Wien

setzen. Hochkomplexe Zusammenhänge, die weniger bild- als text- und ideengebunden sind, gilt es aufzuzeigen, ohne die Zeit und das entsprechende Kolorit zu vernachlässigen. Die Recherche gleicht der Archäologie einer Zeit. Das freie Assoziationsfeld einer rein sprachlich gebundenen Schilderung und Erzählung ist mit authentischen Darstellungsformen der Zeit zu verbinden. Hier ist auch der grundsätzliche Unterschied zu einem Spielfilm der Ereignisse der Zeit thematisiert.
Die geschichtlich wirkenden Kräfte und die sie entfesselnde Zukunftspotenz ist aufzuzeigen und sinnhaft zu machen.
Ein hochkomplexes Sinngeflecht unterschiedlicher Bildgattungen und Dokumentationsmöglichkeiten mit Alltagsobjekten hat zuerst einmal die Zeit, dann ihre Ereignisse und Programme mit ihren Ergebnissen zu verdeutlichen. Das Hambacher Fest 1832 war politisch zunächst nicht von einem positiven Ergebnis gekrönt. Die Restauration kehrte ein. Auch die Arbeit des ersten deutschen Parlaments in der Paulskirche – in der Folge der Forderungen von Hambach – war nicht erfolgreich. Nachdem der preußische König die deutsche Kaiserkrone und die neu erarbeitete Verfassung, die diese Krone legitimieren sollte, abgelehnt hatte, verspottete man die Abgeordneten als Hampelmänner (siehe Seite 122,123). Auch die pfälzisch-badische Revolution, die damals losbrach, wurde niedergeschlagen. Auf Dauer zeigten sich die Kräfte, die das Hambacher Fest und seine Ideen entfachten, als so tragfähig und groß, daß sie knapp

Caspar David Friedrich (1774–1840)
Mondaufgang am Meer, 1822
Öl auf Leinwand
Staatliche Museen zu Berlin,
Preußischer Kulturbesitz,
Nationalgalerie Berlin

100 Jahre später Pate der ersten demokratisch verfaßten Republik auf deutschem Boden, der Weimarer Republik, wurden und später auch die Basis für die Verfassung der Bundesrepublik Deutschland waren. Trotz der temporären Mißerfolge wirkten die Ideen des Hambacher Festes mit solcher Macht, daß eine über Jahrhunderte gültige Ordnung des von »Gott gegebenen Königs- und Fürstenrechts« durch die freie demokratische Selbstbestimmung der Völker ersetzt wurde.

Dieser Anforderung kann eine Ausstellung nicht mit einer homogenen einlinigen Darstellung der Ereignisse genügen. Die Vielfalt der Darstellungen und Perspektiven ist programmiert. Wir bieten deshalb in der Ausstellung vielfältige Themen und Perspektiven an, ohne diese zu einer einzigen Wertung zusammenzuführen. Themen wie die Revolution in Europa, die Armut der Menschen, Holzfrevel und Zollbeschränkung, die Pressezensur, die Verwaltungsstruktur in der Pfalz, werden aus unterschiedlichen Perspektiven versinnlicht. Das Hambacher Fest vereint unterschiedliche Einzelereignisse und Personen. Dinge des täglichen Lebens rücken in den Mittelpunkt.

Die Beschäftigung mit den Inhalten der Ausstellung glich einer Archäologie der Ideen, Dinge und Forschungsansätze. Die ausgezeichnete Erforschung der Quellen zum Hambacher Fest, die durch die Ausstellung 1982 geleistet wurde, war für uns Ausgangspunkt. Alltagsmenschen und Jugendliche sollen durch die Ausstellung besonders angesprochen wer-

H. Hohe

Die Maxburg, nach 1842

Lithographie

Landesarchiv Speyer

den. Die Ausstellung »Ein Fest für die Freiheit« sollte dabei nicht nur »wissenschaftliche Staffage« - des Hambacher Schlosses, der Wiege der Deutschen Demokratie – sein, sondern dessen sinnenmächtiges Erklärungszentrum. Die Ideen und Ereignisse des Hambacher Festes zeigen ganz klar, daß die neue angestrebte Ordnung eine vielstimmige, bunte ist, deren Entscheidungsprozesse auf Konsens angelegt sind.

Die Ereignisse des Hambacher Festes thematisieren in ihrer politischen Forderung eine neue Perspektive der Menschen zur Welt. Als Subjekte nicht mehr eingefügt in ein Weltgebäude, an dessen einem Ende der König und an dessen anderem Ende die Menschen stehen.

Die Ausstellung verbindet deshalb Objektpräsentation mit multimedialen Informationssystemen. Sie bietet symbolhaft Objekte und historische Dokumente, Texte, digitale Bildinformationen und erlebbare Hörsituationen. Gerade in dieser Vielfältigkeit liegt ein Äquivalent für die neue demokratische Meinungsäußerung. Die in der Ausstellung angebotenen Präsentationsformen erlauben den Besucherinnen und Besuchern eine Annäherung an die Ideen und Ereignisse des Hambacher Festes und der aufkeimenden Demokratie in unserem Lande.

Meinrad M. Grewenig

Die Freiheit auf den Barrikaden

Das Zeitalter der Revolution 1789–1830

»Da fielen mitten in dies Alltagsgesumme deutschen Stilllebens die Kanonenschläge der Julirevolution. ... Während in Paris, Brüssel und Warschau Blut in Strömen geflossen war ... trug die Bewegung in Deutschland den alten, halb gemütlichen, halb phantastischen Anstrich.«

Carl Heinrich Alexander Pagenstecher, Politiker, über die Julirevolution in Paris 1830 und ihre Folgen in Europa

Die Französische Revolution

»Man muß hoffen, daß dieses Spiel bald endet«

Radierung

Kunstsammlungen der Veste Coburg

Karikaturen haben während der Französischen Revolution eine wichtige Funktion. Damals konnte nur die Hälfte aller Menschen lesen und schreiben. Die Frau aus dem dritten Stand hat schwer unter der Last des Adels und des Klerus zu schleppen. KB

Die Ursachen der Französischen Revolution liegen in drei Bereichen, erstens in der wirtschaftlichen Not der Bauern, die als vorrangig steuerzahlende Schicht das absolutistische Königtum weitgehend finanziell tragen, zweitens in der politischen Rechtlosigkeit des wirtschaftlich aufsteigenden Großbürgertums und drittens in der Philosophie der Aufklärung, die die Forderung nach Selbstbestimmung und Teilnahme an der politischen Macht vorbereitet hat.
Der Verlauf der Revolution gliedert sich in vier Phasen. Die erste ist eine Revolution des Adels, die auf eine Wiederherstellung der vorabsolutistischen Zustände abzielt. Um den desolaten Zustand der französischen Wirtschaft zu verbessern, plant Ludwig XVI. Reformen, die sich zum Teil gegen die Interessen des Adels richten. Dieser opponiert, indem er die Einberufung der Generalstände fordert, die seit 1614 nicht mehr getagt hatten. Die Abstimmung in dieser Versammlung geschieht traditionell nach den drei Ständen – Adel, Klerus, Bürger- und Bauernstand – wobei Adel und Klerus auf Grund ihrer gemeinsamen Interessen den dritten Stand überstimmen, obwohl dieser mehr als 90 Prozent der französischen Bevölkerung repräsentiert. Diesen Abstimmungsmodus akzeptieren die Vertreter des dritten Standes nicht mehr, sondern erklären sich als Repräsentanten der gesamten Nation zur Nationalversammlung und leiten damit die zweite, konstitutionelle-monarchische Phase der Revolution ein. Die notleidenden Unterschichten in Paris und auf dem Lande sehen mit diesem Schritt jedoch noch keine Änderung ihrer Lage gewährleistet. Ihre Unzufriedenheit gipfelt im Sturm auf die Bastille am 14. Juli 1789, der Bauernaufstände im ganzen Land auslöst. Die Grundherren werden verjagt, die gesamte Verwaltung bricht nach wenigen Wochen zusammen, an ihre Stelle treten bürgerliche Selbstverwaltungen.
Unter dem Druck dieser Ereignisse beschließt die verfassunggebende Ständeversammlung am 26. August 1789 die Abschaffung der Feudalrechte und die Erklärung der Menschen- und Bürgerrechte in Anlehnung an die amerikanische Menschenrechtserklärung. CF

Die Erstürmung der Bastille

Einnahme der Bastille am 14. Juli 1789

Öl auf Leinwand

Musée Carnavalet Paris

Mit der Erstürmung der Bastille in Paris am 14. Juli 1789 beginnt die Französische Revolution. Die Erklärung der Menschen- und Bürgerrechte – »Freiheit, Gleichheit, Brüderlichkeit« – findet auch im übrigen Europa offene Ohren. KB

Charles Thévenin

Die Einnahme der Bastille und

Verhaftung des Gouverneurs de Launay

Öl auf Leinwand

Musée Carnavalet Paris

Etwa 900 Bürger von Paris belagern das kaum noch genutzte Staatsgefängnis und stürmen es schließlich. Das ist das Signal für eine landesweite Volkserhebung gegen das verhaßte Ancien Régime. Überall in den Städten und Dörfern des Landes werden in den folgenden Wochen Aufstände angezettelt.

Die Pariser Bastille, ein Symbol für Unterdrückung und Entrechtung, ist als schloßähnliche Festung im 14. Jahrhundert erbaut worden und dient ab dem 17. Jahrhundert als Gefängnis. Nach der Erstürmung wird das monumentale Gebäude restlos zerstört. An seiner Stelle wird 1840 zum Gedenken an die Julirevolution von 1830 die »Julisäule« errichtet. KB

Hubert Robert 1733–1808

Die Zerstörung der Bastille

Öl auf Leinwand

Musée Carnavalet Paris

Der Sieg des Volkes

»A Versailles! A Versailles«, Zug der Pariser Marktweiber nach Versailles am 5. Oktober 1789, Radierung

Unter Führung der Frauen ziehen die Bürger von Paris am 5. und 6. Oktober nach Versailles. Ursache dieser Protestaktion sind eine erneute Teuerung und Komplottgerüchte.

Hinrichtung Ludwig XVI. am 21. Januar 1793 Zeitgenössischer Bilderbogen

König Ludwig XVI. kann sich mit der Rolle eines konstitutionellen Monarchen nicht abfinden. Nach einem Fluchtversuch wird er verhaftet und wegen Landesverrat angeklagt. Das Todesurteil wird am 21. Januar 1793 vollstreckt. Ein starkes Truppenaufgebot umgibt das Schafott, um Ausschreitungen entgegenzuwirken. KB

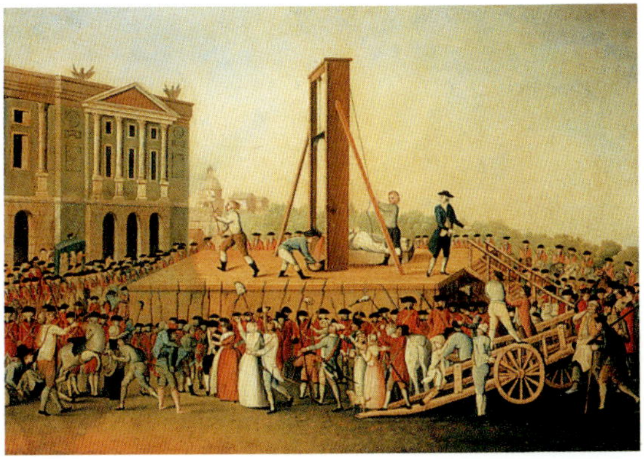

Hinrichtung Marie Antoinettes am 16. Oktober 1793 auf der Place de la Revolution (Concorde) in Paris, Öl auf Holz, Musée Carnavalet Paris

Seit 1789 richtet sich der Volkshaß auch gegen die Königin Marie Antoinette. Auch sie muß sich vor dem Revolutionstribunal verantworten. Den Prozeß und den Weg zur Guillotine erträgt sie in fester Haltung.

Auf dem Land sorgen die Bauern für Unruhe. Sie plündern Herrensitze und stecken Archive in Brand, in denen die bäuerlichen Feudallasten verzeichnen sind. In einer Nachtsitzung versucht die Nationalversammlung die Wut der Bauern zu besänftigen, in dem sie feierlich die »Abschaffung der Feudalität« erklärt. KB

Tagung der Nationalversammlung in Paris in der Nacht vom 4. zum 5. August 1789, Kupferstich, Kunstbibliothek Berlin

Der Freiheitsbaum

Seit 1792 werden vermehrt Freiheitsbäume errichtet. Eine authentische Darstellung eines Freiheitsbaumes zeigt das Aquarell von Johann Wolfgang von Goethe. Der Dichter begleitet im ersten Koalitionskrieg die Soldaten des Herzogs von Weimar nach Frankreich. KB

Johann Wolfgang von Goethe (1749–1832)
Landschaft mit Freiheitsbaum, 1792, Aquarell
Goethe-Museum, Düsseldorf

Hieronymus Löschenkohl (1753–1807) nach Caspar Pitz (1756–1795)
Errichtung eines Freiheitsbaums in Zweibrücken, 1793
Kupferstich, Alte Sammlung des Saarland Museums in der Stiftung Saarländischer Kulturbesitz Saarbrücken

In vielen Orten werden durch die französischen Besatzungssoldaten Freiheitsbäume aufgestellt. Der Freiheitsbaum von Zweibrücken findet keineswegs die uneingeschränkte Zustimmung der Bevölkerung.

Im Herbst 1792 stößt die französische Armee unter Adam Philipp Custine, einem adligen Anhänger der Revolution, bis in rechtsrheinisches Gebiet vor. Auf dem Weg nach Mainz wird auch Speyer angegriffen.
Der Kupferstecher dieses Bildes, Johannes Ruland, wird später Mitglied des Speyerer Jakobinerclubs. KB

Johannes Ruland (1744–1830), Angriff gegen die Stadt Speyer, 1792
Radierung
Historisches Museum der Pfalz Speyer

Die Pfalz und die Französische Revolution

La Contre Révolution, um 1791/92
Radierung
Historisches Museum der Pfalz Speyer

Von der französischen Armee aufgescheucht, fliehen Adel und Klerus auf rechtsrheinisches Gebiet. Als sie versuchen, den Rhein abermals zu überqueren, stoßen sie auf einen unüberwindbaren Felsen, von dem die Fahne der Freiheit weht. Auch der Bischof von Speyer gehört zu den Emigranten.

Abraham Wolfgang Küfner (1760–1817)
Rougemaître spottet der Verzweiflung der Einwohner von Neustadt
Kupferstich aus Christoph Girtanner
Almanach der Revolutionscharaktere für das Jahr 1796
Historisches Museum der Pfalz Speyer

Ende 1793 ist die wirtschaftliche Lage Frankreichs auf das Äußerste gespannt. Die französischen Militärs werden angewiesen, den Bedarf des Heeres aus den eroberten Gebieten zu decken. Für die französisch besetzte Pfalz bricht der berüchtigte »Plünderwinter« 1793/94 an. KB

Johannes Friedrich Tielker (1763–1832)
nach I. G. Schütz
Die Belagerung der Stadt Mainz, 1793
Öl auf Leinwand
Nationale Forschungs- und Gedenkstätte der klassischen deutschen Literatur, Weimar

Gestützt auf die französischen Besatzer, rufen im März 1793 deutsche Jakobiner die Mainzer Republik aus. Dieser demokratischen Bewegung ist jedoch nur eine kurze Lebensdauer vergönnt. Eine Belagerung durch preußische Truppen bereitet der ersten Republik auf deutschem Boden 1793 ein rasches Ende. KB

Napoleon Bonaparte

François Pascal Baron Gérard
(1770–1837)
Napoleon im Krönungsornat, 1805
Öl auf Leinwand
Musée National du Château de Malmaison

Ab 1797 ist die Pfalz ein Teil der französischen Republik. Unter Napoleons Herrschaft werden in der Pfalz umfangreiche Verwaltungs- und Rechtsreformen durchgeführt. Der Code Napoleon – das Gesetzbuch Napoleons – behält auch über die »Franzosenzeit« hinaus seine Gültigkeit. KB

Jacques-Louis David (1748–1825)
Napoleon überschreitet die Alpen, 1800
Öl auf Leinwand
Musée National du Château de Malmaison

Das Gemälde von Jacques-Louis David, »Napoleon überschreitet die Alpen« ist ein Programmbild der napoleonischen Herrschaft über Europa. Auf den ersten Blick erscheint es wie die momentane Darstellung des Übergangs über die Alpen. Der Moment »gefriert« zur Ewigkeit. Das sich aufbäumende Pferd im Wind mit Napoleon auf dem Rücken, der gegen den Himmel zeigt, steht über Felsbrocken, auf denen die Namen von Hannibal und Karl dem Großen eingemeißelt sind. Der Anlaß des realen Ereignisses wird zum geschichtsträchtigen Symbol der Herrschaft Napoleons. MMG

Das Ende der Herrschaft Napoleons

Napoleons Stufenjahre, 1814, Radierung

Kunstbibliothek Preußischer Kulturbesitz

Berlin

Nach Napoleons Sturz 1814 erscheinen in Deutschland und England gehässige Karikaturen. Napoleons Lebenslauf wird in einer Reihe von Bildern dargestellt. Den Höhepunkt bildet seine Kaiserkrönung 1804. Der Rußlandfeldzug und die Befreiungskriege führen zu seinem Niedergang. KB

»Französisches Kaisertum« nach Napoleons Rückzug über den Rhein. Die Freiheit verbirgt weinend ihr Gesicht, in den Urnen befindet sich die Asche des Rheinbundes, 1814

Radierung

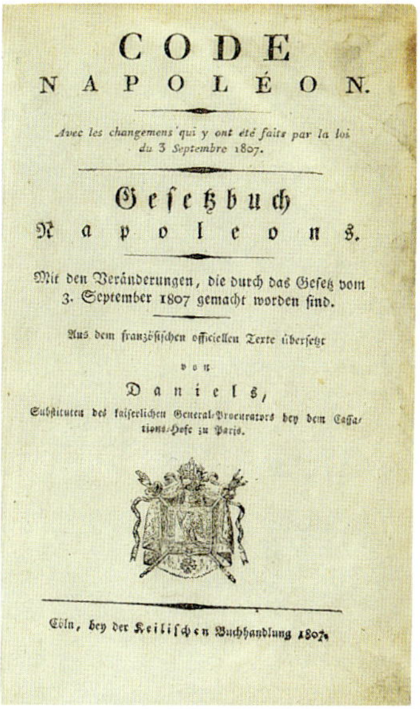

CODE
NAPOLÉON.

Avec les changemens qui y ont été faits par la loi du 3 Septembre 1807.

Gesetzbuch
Napoleons.

Mit den Veränderungen, die durch das Gesetz vom 3. September 1807 gemacht worden sind.

Aus dem französischen officiellen Texte übersetzt

von

Daniels,

Substituten des kaiserlichen General-Procurators bey dem Cassations-Hofe zu Paris.

Cöln, bey der Keilischen Buchhandlung 1807.

Code Napoleon

Köln, Keilisch, 1807

Landesbibliothek Speyer

Der Code Napoleon galt seit 1804 in der Pfalz. Er war das erste Gestzbuch das allen Pfälzerinnen und Pfälzern gleiche Rechte einräumte. Die neuen bayerischen Landesherren schrieben nach 1814 den Code civil und den Code penal aus napoleonischer Zeit als Gestzbuch für die Pfalz fest. MMG

C. Rahl (1779–1843)

nach J. A. Klein (1792–1875)

Große Völkerschlacht bei Leipzig am

19. Oktober 1813, Radierung

Museum der Stadt Wien

In der Völkerschlacht bei Leipzig wurde Napoleon entscheidend geschlagen. Mit der Niederlage bei Liepzig begann der Abstieg Napoleons.

Der Wiener Kongreß und die Schaffung des deutschen Bundes

Ratifizierungsurkunde vom Wiener Kongreß

Wien, 12. November 1815

Vorderseite

Haus-, Hof- und Staatsarchiv Wien

Der Kuchen der Könige 1815

Auf dem Wiener Kongreß beraten die Staatsmänner über eine dauerhafte Ordnung Europas. Rußland, Preußen, Großbritannien, Österreich und Frankreich wollen ihre Macht sichern und gleichzeitig die Vorherrschaft einer anderen Macht verhindern. Europa wird verteilt. Der Traum eines deutschen Nationalstaates zerbricht. KB

Johann Michael Voltz (1784–1858)

Der Congreß, 1815

Aquatintablatt

Napoleon muß von Elba aus zusehen, wie Alexander I., Franz der I. und Friedrich Wilhelm III. Europa neu aufteilen.

Die Neuordnung Europas wird auf dem Wiener Kongreß vom 18. September 1814 bis 9. Juni 1815 durchgeführt. Sie ist in erster Linie das Werk des Fürsten Metternich, der als konservativ denkender Diplomat die liberalen und nationalen Ideen der Zeit als staatsgefährdend ablehnt. Die politischen Prinzipien des Kongresses sind die Wiederherstellung der vorrevolutionären Zustände in Europa, ein europäisches Gleichgewicht und ein Solidarbündnis aller Fürsten zur Abwehr revolutionärer Ideen oder Bewegungen, das in der Stiftung der Heiligen Allianz im September 1815 seinen Ausdruck findet. Die Neuordnung Deutschlands erfolgt nicht in Form eines geeinten Nationalstaates, sondern in der Bildung eines losen Staatenbundes aus 39 souveränen Mitgliedern.

Einziges Organ dieses »Deutschen Bundes« ist die Bundesversammlung in Frankfurt am Main, ein ständiger Gesandtenkongreß unter österreichischem Vorsitz. Bei der territorialen Neugliederung des linksrheinischen Gebietes erhält das Königreich Bayern den Bereich des ehemaligen französischen Departements Donnersberg mit Ausnahme der Stadt Mainz und einiger umliegender Kantone, die dem Großherzogtum Hessen zugeschlagen werden. Die deutsche Bevölkerung ist von den Ergebnissen des Wiener Kongresses zutiefst enttäuscht. Ihre Hoffnung auf die Bildung eines deutschen Nationalstaates, einer eigenen nationalen Volksvertretung und den Abbau absolutistischer Herrschaftsformen erfüllen sich nicht. CF

Jean-Baptiste Isabey (1767-1855)
Der Wiener Kongreß
Linien- und Punktierstich
Graphische Sammlung Albertina Wien

Auf dem Wiener Kongreß (1814–1815) wird über die politische und territoriale Neuordnung Europas entschieden. Die Pfalz – von 1796 bis 1814 Teil des französischen Staatsbereiches – wird dem Königreich Bayern zugeschlagen.

Der Rheinkreis, wie die Pfalz damals genannt wurde, gilt in Altbayern lange Zeit als ungeliebtes Anhängsel. LT

Die Studenten

Klemens Fürst von Metternich
(1773–1859), Öl auf Leinwand
Fürst Alfons von Metternich-Winneburg
Schloß Johannisberg

Staatskanzler Klemens Fürst von Metternich ist der große Gegenspieler des liberalen Bürgertums. Als typischer Vertreter des Ancien Régime setzt er alles daran, die Herrschaft der Fürsten zu erhalten. MMG

Eine radikale und militante Minderheit bei den Teilnehmern am Wartburgfest bilden die neugegründeten Turnvereine um Friedrich Ludwig Jahn (1778–1852). Burschenschafter und Turner verbrennen reaktionäre Bücher und Symbole der Fürstenherrschaft. WL

Die Wartburgfeier, um 1850, Stahlstich
Institut für Hochschulkunde Würzburg

Das Attentat des Studenten Carl Ludwig Sand auf den reaktionären Dichter und Diplomaten August von Kotzebue dient 1819 als Anlaß zu schärferen Maßnahmen gegen »demagogische Umtriebe«.
Mit den »Karlsbader Beschlüssen« läßt Staatskanzler Klemens von Metternich am 20. September 1819 eine strenge Zensur einführen. FL

August von Kotzebues Ermordung, 1819
Kupferstich
Reiss-Museum Mannheim

Sands Ende auf dem Schafott, 1820
Kupferstich
Reiss-Museum Mannheim

Die Unterdrückung

Deutschlands Hoffnung

Der Bundestag in Frankfurt, 1816

Radierung

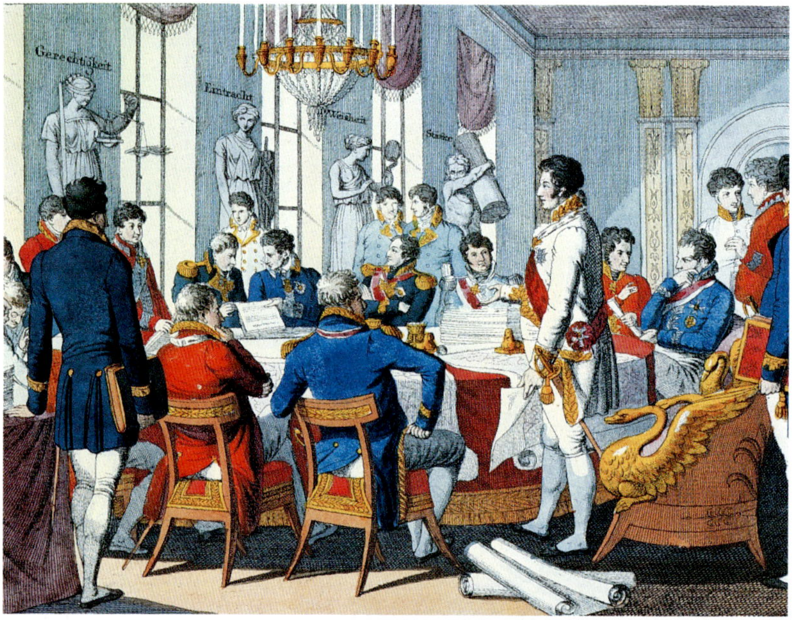

Der Wiener Kongreß errichtet in Deutschland einen Staatenbund aus selbständigen Staaten. Der Bundestag in Frankfurt ist das Treffen der Regenten und Vertreter dieser Einzelstaaten. Entsprechend der Akte des Wiener Kongresses von 1815 wird den Völkern der Einzelstaaten eine Verfassung versprochen. In der Schlußakte von 1820 wird die gesamte Staatsgewalt im Staatsoberhaupt des Staates vereint. MMG

Mit den Karlsbader Beschlüssen von 1819 beginnt im Deutschen Bund ein Jahrzehnt strengster Überwachung. Die Pressefreiheit als Grundvoraussetzung freier politischer Meinungsbildung ist eine zentrale Forderung der oppositionellen Liberalen. Im bayerischen Rheinkreis stehen der Obrigkeit weniger Möglichkeiten zur Verfügung, Zensurmaßnahmen durchzusetzen, als in anderen Bundesstaaten. Liberale Journalisten wie Wirth und Siebenpfeiffer verlegen ihre Druckereien daher in die Pfalz. Nach kurzer Zeit werden aber auch hier ihre Druckerpressen versiegelt.
1832 gründen Journalisten und Bürger in Zweibrücken den »Deutschen Vaterlandsverein zur Unterstützung der freien Presse«, um sich gemeinsam den Repressalien zu widersetzen.

Der Denker-Club, auch eine neue deutsche Gesellschaft, um 1825
Radierung
Germanisches Nationalmuseum Nürnberg

Alle Zusammenkünfte größerer Gruppen haben mit der zunehmenden Einschränkung von Meinungs- und Redefreiheit zu kämpfen. Die Clubmitglieder grübeln hier nur noch stumm über die Frage »Wie lange möchte uns das Denken wohl noch erlaubt bleiben?« FL

Die Pfalz wird bayerisch

Zweiklassendarstellung

Radierung, um 1830

Bayerisches Nationalmuseum München

Die Gesellschaft um 1830 ist gekennzeichnet durch einen großen Gegensatz zwischen arm und reich. Die Masse der Bevölkerung lebt am Rande der Armut. Aus der Ständegesellschaft entsteht eine Klassengesellschaft.

Von 1796 bis 1814 gehört die Pfalz zuerst faktisch und dann auch staatsrechtlich zu Frankreich. Nach der Niederlage Napoleons wird die Pfalz auf dem Wiener Kongreß Bayern zugeschlagen. Der »Rheinkreis« gilt im Mutterland lange Zeit als ungeliebtes Anhängsel. Den aus Altbayern stammenden, in der Pfalz eingesetzten Beamten und Militärs fehlt es oftmals an Verständnis für die Besonderheiten des Rechtssystems und die Mentalität der einheimischen Bevölkerung. Hohe Steuern und langandauernde zollrechtliche Benachteiligungen stellen die Loyalität der Pfälzer auf eine harte Probe. Die pfälzischen Abgeordneten im bayerischen Landtag gehören mehrheitlich der liberalen Opposition an. Die Anhänglichkeit der pfälzischen Bevölkerung an Frankreich und die revolutionären Bestrebungen der Pfalz werden von der bayerischen Regierung überschätzt. Die Tragweite der nationalen und demokratischen Grundströmung, die sich 1832 auf dem Hambacher Fest zeigt, wird dagegen unterschätzt. Um so energischer geht Bayern nach dem Hambacher Fest mit administrativen, militärischen und juristischen Mitteln gegen die Bevölkerung vor. LT

Joseph Stieler (1781–1858)

Maximilian I. Joseph (1756–1825)

König von Bayern am Schreibtisch, 1814

Öl auf Leinwand, 200 x 135 cm

Privatbesitz

Joseph Stieler (1781–1858)

Ludwig I. (1786–1868), König von Bayern

Der König im Krönungsornat, 1826

Öl auf Leinwand, 230 x 170 cm

Neue Pinakothek München

Durch die Neuordnung Europas während des Wiener Kongresses wird die Pfalz als Rheinkreis dem Königreich Bayern einverleibt. König Maximilian Josef I. besucht direkt nach dem Wiener Kongreß 1816 die Pfalz, die Bevölkerung begrüßt ihn freudig. Sein Nachfolger, König Ludwig I., regiert ab 1825 mit starker Hand. Während Maximilian Josef seine Minister regieren ließ, greift König Ludwig aktiv in die Regierungsgeschäfte ein. MMG

Armut und Not in der Pfalz

Das für die Pfalz ungünstige Zollwesen führt auf einigen wirtschaftlichen Gebieten, wie z. B. dem Weinhandel, zu einer krassen Benachteiligung gegenüber den Nachbargebieten. Erst mit der Einführung des deutschen Zollvereins im Jahre 1834 verbessert sich die Situation für die Pfalz nachhaltig. Die Zollstationen in Deutschland werden von der zeitgenössischen Publizistik mit beißendem Spott karikiert.

Diensteifer

Mitte 19. Jahrhundert

Holzschnitt

Hier sein die Blattern

Seuchenschild

Speyer, Anfang 19. Jahrhundert

Historisches Museum der Pfalz Speyer

Das Leben der Menschen um 1830 steht unter dem Damoklesschwert drohender Krankheiten und Seuchen. Cholera-, Typhus- und Pockenepidemien treten immer wieder auf. Mangelnde Trinkwasserhygiene, beengte Wohnverhältnisse und eine unzureichende medizinische Versorgung sind sie Hauptursachen dafür. Um das Ausbreiten von Krankheiten zu verhindern, werden von den Behörden Vorschriften erlassen, die unter anderem auch die Isolation von Kranken vorsieht. Das Schild weist auf die Ansteckungsgefahr der Blattern – sprich Pocken – hin.

Holzfrevel 1855, Lithographie,

erschienen bei Carl Mayer in Neustadt

Historisches Museum der Pfalz Speyer

Ein Kennzeichen für die Armut ist der sogenannte Holzfrevel. Um den lebensnotwendigen Bedarf an Feuerholz zu decken, sind viele Menschen gezwungen, Holz zu stehlen. Selbst das Aufsammeln von Streuholz ist verboten. Die Darstellung zeigt eine Frau mit ihrem Kind auf der Flucht vor dem herannahenden Feldhüter. Im Hintergrund die Stadt Neustädt a. d. W. LT

Johann Jakob Serr (1807–1880)

Herbstfest bei Rhodt, um 1867

Öl auf Leinwand, 96 x 131 cm

Historisches Museum der Pfalz Speyer

Die meisten Pfälzer waren Landwirte oder Winzer. Das Herbstfest bei Roth stellt in »romantisch verklärter Form« ein Weinfest dar. Im Hintergrund ist das Hambacher Schloß zu erkennen.

Die Handwerker waren aufgrund der schlechten Ertragslage, Pfändungen ausgesetzt. Der Künstler der Biedermeierzeit thematisiert den starken Kontrast zwischen der im wahrsten Sinne des Wortes »wohlbeleibten Staatsgewalt« des Pfänders und der traurigen Situation des Handwerkers. MMG

Peter Schwingen (1813–1863)

Die Pfändung, um 1846, Öl auf Leinwand

Kunstmuseum Düsseldorf

Der Freiheitskampf der Griechen

Eugène Delacroix (1798–1863)
Griechenlands Untergang auf den Trümmern von Missolunghi, 1826
Öl auf Leinwand

1821 erheben sich die Griechen gegen die Herrschaft der Osmanen und fordern einen unabhängigen Staat. Als die Flotte des ägyptischen Vizekönigs Mohammed Ali 1824 in die Kampfhandlungen eingreift, scheint Griechenlands Schicksal besiegelt. Nach monatelanger Belagerung durch die Osmanen fällt 1826 die Stadt Missolunghi.

Eugène Delacroix (1798–1863)
Das Massaker von Chios, 1824
Öl auf Leinwand
Musée du Louvre Paris

Im Massaker von Chios 1822 metzeln osmanische Truppen 20 000 Griechen nieder. Ein Aufschrei geht durch Europa. Es entstehen Hilfsvereine, die den Freiheitskampf der Griechen materiell unterstützen. Auch in der Pfalz erscheinen Aufrufe zur Unterstützung der Griechen. Für das liberale Bürgertum in Deutschland ist die Solidarität mit den Griechen gleichzeitig ein Protest gegen die rückständigen Verhältnisse in der Heimat.

Die Rettung Griechenlands kommt schließlich von außen. Auf der Londoner Konferenz 1827 beschließen England, Frankreich und Rußland, dem Blutvergießen ein Ende zu bereiten. Die entscheidende Seeschlacht bei Navarino 1827 bringt die Wende. Die Türken werden geschlagen. Griechenlands Weg in die Unabhängigkeit ist frei. KB

Die Seeschlacht bei Navarino am 20. Oktober 1827, bei der die türkische Flotte vernichtend geschlagen wurde
Kupferstich, Museum der Stadt Wien

Die Julirevolution 1830 in Paris

Eugène Delacroix (1798–1863)

Die Freiheit führt das Volk, 1830

Öl auf Leinwand, Musée du Louvre Paris

Als König Karl X. im Juli 1830 die Rechte der Franzosen einschränkt, kommt es in Paris zum Aufstand. Arbeitslose, Studenten und die breite Volksmasse schließen sich zusammen. In erbitterten Straßenkämpfen siegt schließlich das Volk. Die Julirevolution bleibt auch im übrigen Europa nicht ohne Wirkung. KB

»Juillet 1830. Aux tenebres enfin succede la clarté«
Die Trikolore als Symbol des Sieges der Revolutionäre über das Lilienbanner der Bourbonen, um 1830
Lithographie nach einer Zeichnung von Leon Cogniel

François Pascal Baron Gérard (1770–1837)
Verlesung der Deklaration der Deputierten im Hotel de Ville und Proklamation des Regenten, 31. Juli 1830, 1836
Öl auf Leinwand, Versailles

Obwohl die Revolutionäre 1830 in Frankreich einen Sieg erringen, sind sie von ihrem eigentlichen Ziel – die Gründung einer Republik – weit entfernt. Um Ruhe und Ordnung wiederherzustellen, setzt die provisorische Regierung den Herzog von Orléans, Louis Philippe als »Bürgerkönig« auf den Thron. KB

Der Funke springt über

Constantin-Fidèle Coene (1780–1841)

Episode aus der Revolution von 1830

Öl auf Leinwand

Musées Royaux des Beaux-Arts de Belgique, Brüssel

Wenige Wochen nach der Pariser Julirevolution 1830 kommt es in Brüssel zum Aufstand. Die Belgier, seit dem Wiener Kongreß Untertanen des niederländischen Königreiches, fühlen sich ihrer Freiheit beraubt. Nach blutigen Straßenkämpfen erklärt die provisorische Regierung am 4. Oktober 1830 Belgien für unabhängig. KB

Jules David (1808–1892)

nach Carl Weiß (*1804)

Der Braunschweiger Schloßbrand, 1830

Lithographie

Braunschweigisches Landesmuseum,

Braunschweig

Durch die Julirevolution in Frankreich aufgerüttelt, erwacht die liberale Bewegung 1830 in den deutschen Kleinstaaten zu neuem Leben. In vielen Orten kommt es zu Rebellion und Unruhen. In Braunschweig erstürmen Aufständische das Schloß und stecken es in Brand. KB

Der Freiheitskampf der Polen

Johann Benedikt Wunder (1786–1858)
Patriotisches Opfer der Polen zur Rettung des Vaterlandes, 1831
Radierung, 24,2 x 40,0 cm
Germanisches Nationalmuseum Nürnberg

Im Wiener Kongreß wird Polen auf die Großmächte Österreich, Preußen und Rußland aufgeteilt. Der Freiheitskampf der Polen von 1830/31 gegen die russische Herrschaft findet großes Interesse bei der deutschen Bevölkerung. WL

Frankfurter Frauen= und Mädchen=Verein.
Zweite Ausspielung
zur Unterstützung verbannter Polen
Loos №: 433
Einlage 12 kr.
Die zu verloosenden Gegenstände bestehen aus 16 bei der am 2. April stattgehabten Verloosung gewonnenen Arbeiten.

Los des Frankfurter Frauen- und Mädchenvereins zur Unterstützung der verbannten Polen, 1832
Gedrucktes Lotterielos mit handschriftlichem Eintrag der Losnummer
Institut für Stadtgeschichte Frankfurt a. M.

Zur Unterstützung der verbannten Polen entstehen in vielen Orten Deutschland Hilfsvereine. Die Frankfurter Frauen und Mädchen veranstalten Lotterien, um ihre humanitäre Hilfe zu finanzieren. Bereits während des polnischen Aufstandes haben sich Frauen für die polnische Sache engagiert und vor allem Verbandsmaterial hergestellt. KB

Horace Vernet (1789–1863)

Der polnische Prometheus, 1831

Öl auf Leinwand, 35 x 45 cm

Société Histoire et Littérature Polonaise

Paris

Am 9. November 1831 muß Warschau vor den zaristischen Truppen kapitulieren. Viele der Freiheitskämpfer fliehen ins Ausland. Polen liegt am Boden in den Fängen des Adlers – dem Wappentier des zaristischen Rußlands. KB

Ein Fest der Freiheit

»Der Geist, der sich auf Hambach aussprach, ist grundverschieden von dem Geiste, oder vielmehr von dem Gespenste, das auf der Wartburg seinen Spuk trieb. Dort, auf Hambach, jubelte die moderne Zeit ihre Sonnenaufgangslieder ...«

Heinrich Heine (1797–1856), deutscher Dichter im französischen Exil, zum Hambacher Fest

Die Presse

Der Zeitungsfresser

Französische Karikatur, 1815

Lithographie

Die Publizistik der Hambacher Zeit speziell im bayerischen Rheinkreis entwickelte sich im Rahmen der bayerischen Verfassung und der sie ergänzenden Bundesbeschlüsse. Die Verfassung gewährt den Untertanen Pressefreiheit, die jedoch in der Verfassungsbeilage vom 26. Mai 1818 modifiziert wird, um – so die offizielle Begründung – die Pressefreiheit vor Mißbrauch zu schützen. Die Einschränkungen beziehen sich vor allem auf Schriften politischen und religiösen Inhalts und die Veröffentlichung von Staatsbediensteten. Der Begriff des Politischen wird unter Ludwig I. zunächst großzügig gehandhabt und nur auf Schriften angewendet, die sich mit nicht-bayerischen, »außenpolitischen« Themen beschäftigen. Artikel zur innerbayerischen Politik brauchen der Zensurbehörde nicht vorgelegt werden. Dies ändert sich mit der Zensurverordnung des bayerischen Innenministers Eduard von Schenk vom 28. Januar 1831. Danach müssen ausnahmslos alle politischen Schriften vor dem Druck der Zensurbehörde eingereicht werden. Im bayerischen Landtag erregt die Maßnahme eine so heftige Opposition, daß sie zum Sturz des Innenministers und zur Zurücknahme der Verordnung führt. Die Regierung praktiziert nun eine Zensur »Auf kaltem Wege«, indem sie die Versendung durch die Post verbietet und in großem Ausmaß Beschlagnahmungen durchführt. Gleichzeitig werden Redakteure und Drucker wegen Gesetzesverstößen in bestimmten Artikeln ihrer Zeitungen angeklagt, und die Druckereien einstweilen versiegelt. Die Aufgaben des Zensors erfüllen die Landkommisäre für den Bereich ihres Landkommissariats. CF

»Presse, ja du viel gepreßte, werde frei zum Völkerfeste.«

Wahlspruch in einer der Mitgliederlisten des Preßvereins

Die Zensurmaßnahmen des König Ernst August von Hannover, 1837
Lithographie nach R. Sabatky, 1842

Die harten Zensurmaßnahmen der Obrigkeit finden in beißenden Karikaturen ihren Niederschlag. Ein Jesuit überreicht Fürst Metternich ein zensiertes Exemplar der Schriften Luthers. Der deutsche Michel liegt am Boden. Sein Mund ist durch ein Maulschloß verschlossen. Er zeigt auf die Germania, der vom preußischen König Ketten angelegt und von König August von Hannover die Flügel gestutzt werden. Hut und Eichenlaub – Sinnbild für bürgerliche Freiheit – sind aus dem Lot geraten. KB

Gustav Taubert (1755–1839)
Berliner Lesecafé, 1832
Öl auf Leinwand, Berlin-Museum, Berlin

Zeitungen werden im frühen 19. Jahrhundert häufig gemeinschaftlich gelesen. In Nebenräumen von Cafés treffen sich feste Lesegesellschaften und wechselnde Besucher der gehobenen bürgerlichen Schicht zur Zeitungslektüre. FL

Die Pressezensur

Der journalistische Eiertanz

Karikatur auf die Beschränkung der Pressefreiheit, um 1840

»Wahrlich, die Zensur ist der Fluch Deutschlands.«

Johann Georg August Wirth (1798–1848), Mitbegründer des Preß- und Vaterlandsvereins und Hauptorganisator des Hambacher Festes

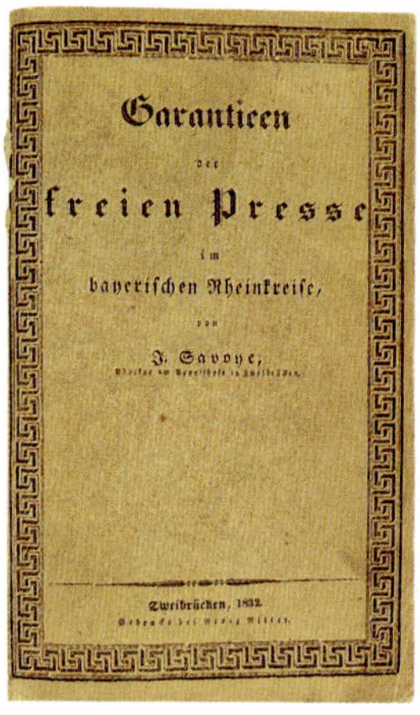
Garantieen
der
freien Presse
im
bayerischen Rheinkreise,
von
J. Savoye,

Zweibrücken, 1832.

Garantien der freien Presse im bayerischen Rheinkreise, 1832

Joseph Savoye Zweibrücken, Georg Ritter

Landesbibliothek Speyer

Als Advokat am Zweibrücker Appellationsgericht untersucht Savoye die gesetzlichen Grundlagen der Pressefreiheit im Rheinkreis nach dem geltenden französischen und bayerischen Recht. CF

Buchdruckwerkstatt der Biedermeierzeit

Lithographie nach einem Stich

In der Pfalz herrschen in der Zeit der Französischen Revolution relativ liberale Pressegesetze, die durch Napoleon aber wieder eingeschränkt werden. Nur politisch zuverlässige Drucker erhalten noch die Erlaubnis, Druckereien zu führen.

Bis Friedrich Koenig 1811 in England eine Schnellpresse entwickelt, werden alle Druckerzeugnisse auf Handdruckpressen hergestellt. Das Prinzip der Maschinen entspricht noch immer dem der im 15. Jahrhundert von Johannes Gutenberg entwickelten Tiegeldruckpresse. Seit der zweiten Hälfte des 19. Jahrhunderts werden die anfangs hölzernen Handpressen in immer größeren Teilen aus Metall gebaut. Die Statuette auf der Presse zeigt Johannes Gutenberg, den Erfinder der Buchdruckkunst. FL

Kniehebelpresse

Firma Christian Dingler, Zweibrücken 1837

Deutsches Buch- und Schriftmuseum der Deutschen Bücherei Leipzig

Die Presse in der Pfalz

Philipp Jakob Siebenpfeiffer (1789–1845), 1832, Lithographie nach Bolgard Historisches Museum der Pfalz Speyer

Johann Georg August Wirth (1798–1848) Archiv Historisches Museum der Pfalz Speyer

Die Idee zur Gründung des Preßvereins stammt von Johann Georg August Wirth, der auch den Gründungsaufruf verfaßt. Wirth hat seine juristische Karriere zugunsten der journalistischen Arbeit aufgegeben. Seine Zeitschrift »Deutsche Tribüne« zählt zu den wichtigsten liberalen Blättern in der Pfalz. FL

Philipp Jakob Siebenpfeiffer, Jurist und ehemaliger Landkommissär in Homburg, ist Gründungsmitglied des Preßvereins. Zur Tilgung der Zensurstrafen für seine Zeitungen »Rheinbayern«, »Bote aus dem Westen« und »Westbote« wird ein Unterstützungsfond gegründet, der als Vorbild für den Preßverein dient.

»Schon der erste Artikel ›Deutschlands Pflichten‹ sprach ziemlich deutlich aus, daß ein tieferer Plan bei diesem Unternehmen im Hintergrund stehe.«

Brief des Jenaer Studenten von Rochau vom 26. Februar 1832 an den Advokaten Rüder

Zweibrücker Zeitung

Nr. 40 vom 13. September 1832

Bayerische Staatsbibliothek München

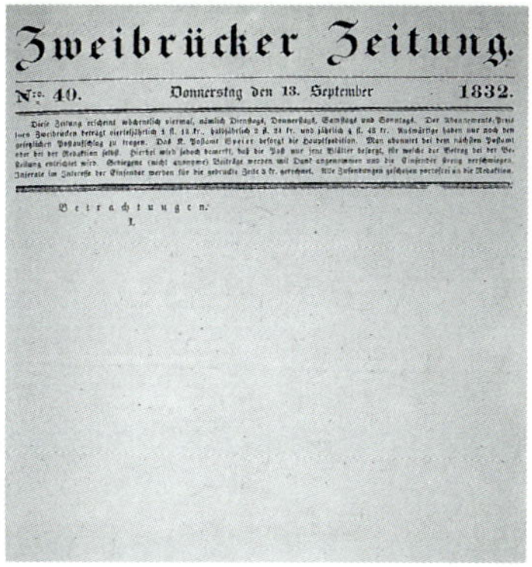

Zweibrücker Zeitung.

Nr. 40. Donnerstag den 13. September 1832.

Betrachtungen.

I.

Nr. 131. Freitag den 28. Okt. 1831.

Der Bote aus Westen.

Der Bote aus dem Westen

28. Oktober 1831, Nr. 131

Herausgeber Philipp Jakob Siebenpfeiffer

Landesbibliothek Speyer

Die nach dem Hambacher Fest weiter verschärfte Zensur dokumentiert sich in immer größeren Textlücken vor allem in Zeitungen. Häufig werden ganze Artikel gestrichen, so daß der Drucker nicht immer Ersatz beschaffen kann oder will. Die freibleibenden Seiten zeigen dem Leser die Eingriffe der Zensur. Die Regierung verbietet schließlich auch das Freilassen von Zensurstreichungen als versteckte Kritik an ihren Maßnahmen. CF

Philipp Jakob Siebenpfeiffer gibt vom 12. März bis zum 31. Dezember 1831 insgesamt 193 Ausgaben der Zeitung »Der Bote aus dem Westen« heraus. Sie erscheint im Verlag Georg Ritter in Zweibrücken. Ab 1. Januar 1832 erscheint diese liberale Zeitung mit verändertem Titel »Westbote« in Oggersheim. KB

Wirth druckt die »Deutsche Tribüne«, deren erster Jahrgang 1831 in München erschien, zunächst in Homburg auf seiner eigenen, durch Aktienbeiträge von Gesinnungsgenossen finanzierten Schnellpresse. Als die Behörden seine Druckerei schließen, weicht er zeitweise auf den Ritterschen Betrieb in Zweibrücken aus. CF

Deutsche Tribüne, 23. Januar 1832

Herausgeber Johann Georg August Wirth

»An die Bewohner Rheinbayerns«

Landesarchiv Speyer

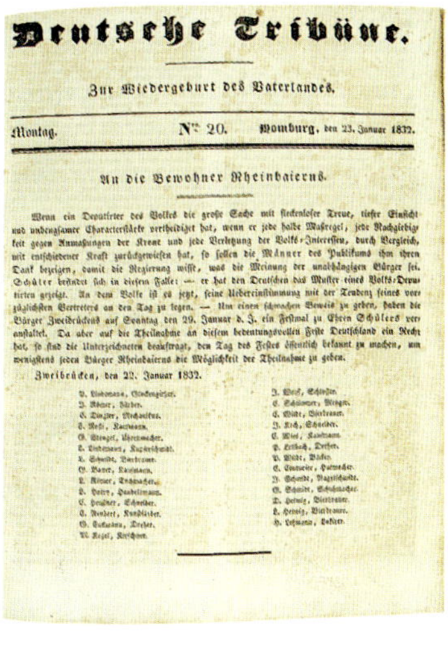

Deutsche Tribüne.

Zur Wiedergeburt des Vaterlandes.

Montag. Nr. 20. Homburg, den 23. Januar 1832.

An die Bewohner Rheinbaierns.

Wenn ein Deputirter des Volkes die grosse Sache mit fleckenloser Treue, tiefer Einsicht und unbeugsamer Charakterstärke vertheidiget hat, wenn er jede halbe Maßregel, jede Nachgiebigkeit gegen Anmaßungen der Krone und jede Verletzung der Volks-Interessen, durch Vergleich, mit entschiedener Kraft zurückgewiesen hat, so sollen die Männer des Publikums ihm ihren Dank bezeigen, damit die Regierung wisse, was die Meinung der unabhängigen Bürger sei. Schüler befindet sich in diesem Falle: — er hat den Deutschen das Muster eines Volks-Deputirten gezeigt. An dem Volke ist es jetzt, seine Uebereinstimmung mit der Tendenz seines vorzüglichsten Vertreters an den Tag zu legen. — Um einen schwachen Beweis zu geben, haben die Bürger Zweibrückens auf Sonntag den 29. Januar d. J. ein Festmal zu Ehren Schülers veranstaltet. Da aber auf die Theilnahme an diesem bedeutungsvollen Feste Deutschland ein Recht hat, so sind die Unterzeichneten beauftragt, den Tag des Festes öffentlich bekannt zu machen, um wenigstens jeden Bürger Rheinbaierns die Möglichkeit der Theilnahme zu geben.

Zweibrücken, den 22. Januar 1832.

Der Preßverein

Friedrich Schüler (1791–1843)
Lithographie nach Holzstich, Detail
aus Portraitgalerie
Historisches Museum Frankfurt a. M.

Als provisorischer Vorstand des Preßvereins wird ein »Zentralkomitee« aus drei Juristen gebildet: Friedrich Schüler, Oppositionsmitglied im bayerischen Landtag, Joseph Savoye, Anwalt am Zweibrücker Appelationsgericht und Ferdinand Geib, Anwalt am Bezirksgericht Zweibrücken. Später soll ein demokratisch gewählter Vorstand eingesetzt werden.

Moritz Daniel Oppenheimer (1790–1863)
Ludwig Börne (1786–1837)
um 1830, Lithographie
Historisches Museum Frankfurt a. M.

Ludwig Emil Grimm (1790–1863)
Heinrich Heine (1797–1856), 1827
Radierung
Heinrich Heine Institut Düsseldorf

In Paris wird im Februar 1832 ein Filialkomitee gegründet. Hier treten vor allem deutsche Handwerker, aber auch Schriftsteller wie Ludwig Börne und Heinrich Heine ein. FL

»Mit diesem Gelde werden die liberalen Bücher und Zeitungen gefördert, die Geldstrafen für Preßvergehen bezahlt, und nötigenfalls für Familien derjenigen Schriftsteller gesorgt, die wegen Preßvergehen eingekerkert werden.«

Ludwig Börne, Briefe aus Paris, 1832

Carl Heinrich Weihinger (1775–1854)

Deckelpokal für Friedrich Schüler

1832, Silber

Widmungsinschrift: »Dem Volks-Vertreter Schüler die dankbaren Verehrer seiner Verdienste 1832«

Land Rheinland-Pfalz

Die Listen, in die sich neue Mitglieder eintragen, werden an liberal gesinnte Privatpersonen, Buchhändler, Lesevereine und Studenten verschickt und in Wirtshäusern ausgelegt. Innerhalb eines halben Jahres wächst der Preßverein auf 5000 Mitglieder im Deutschen Bund und in Paris an.

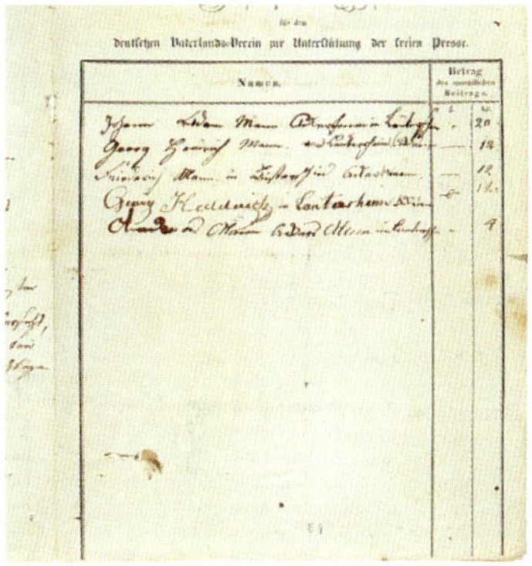
für den
Deutschen Vaterlands-Verein zur Unterstützung der freien Presse.

Namen.	Betrag des monatlichen Beitrags.

Subskriptionsliste des Preßvereins

Zweibrücken, 6. Februar 1832

Landesarchiv Speyer

Wirth schafft zur Produktion seiner »Deutschen Tribüne« 1832 eine eigene Schnellpresse an, mit der er in Zweibrücken, später in Homburg druckt. Die neue Presse wird durch eine Aktiengesellschaft finanziert. Sowohl Wirths Handpresse als auch seine Schnellpresse werden mangels Druckkonzession versiegelt. FL

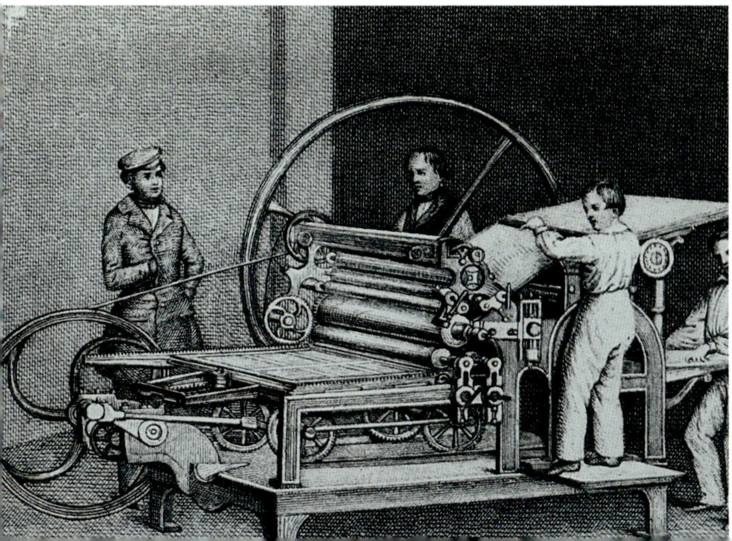

Schnellpresse, 1845, Stich

Historisches Archiv der MAN AG

Das politische Fest

Heinrich Jakob Fried (1802–1870)

Erstes Volksfest im Rhein-Bayern, 1822

Landesarchiv Speyer

In Landau wird am 13. Oktober 1822 anläßlich des Namenstages von Maximilian Joseph, König von Bayern, ein Volksfest gefeiert. Es werden Wettspiele, wie »Pferderennen«, »Vogelschießen«, »Eyerlaufen« oder »Ringstechen« durchgeführt. KB

Johannes Ruland (1747–1830)

Errichtung eines Freiheitsbaums in Speyer

21. März 1798, Kupferstich

Historisches Museum der Pfalz Speyer

Gegen Ende des 18. Jahrhunderts werden auch in der Pfalz politische Feste veranstaltet. Der Ablauf folgt einem gemeinsamen Muster: Aufeinander folgen Festzug, politische Reden, Pflanzung eines Freiheitsbaums, Feier und gegebenenfalls ein Festbankett am Abend.

Vefassungstage, Fürstengeburtstage und Feste zu Ehren der Abgeordneten des Landtags sind unverdächtige Anlässe, die der politischen Opposition zum Meinungsaustausch dienen. Bei einem Fest zu Ehren des Abgeordneten Schüler am 29. Januar 1832 wird erstmals die Idee eines politischen Volksfestes besprochen. WL

»Völker bereiten Feste des Dankes und der Freude beim Eintritt heilvoller großer Ereignisse. Darauf mußte das deutsche Volk seit Jahrhunderten verzichten.«

Philipp Jakob Siebenpfeiffer (1789–1845) am 20. April 1832
im Aufruf zum Hambacher Fest »Der Deutsche Mai«

Hambacher Schloß

Aquarell

Historisches Museum der Pfalz Speyer

Die Einladung zum Fest

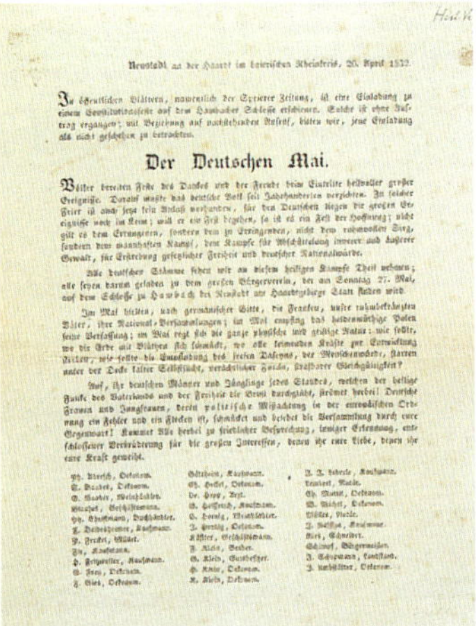

Neustadt an der Haardt im bairischen Rheinkreis, 20. April 1832.

In öffentlichen Blättern, namentlich der Speierer Zeitung, ist eine Einladung zu einem Constitutionsfeste auf dem Hambacher Schlosse erschienen. Solche ist ohne Auftrag ergangen; mit Beziehung auf nachstehenden Aufruf, bitten wir, jene Einladung als nicht geschehen zu betrachten.

Der Deutschen Mai.

Völker bereiten Feste des Dankes und der Freude beim Eintritte heilvoller großer Ereignisse. Darauf mußte das deutsche Volk seit Jahrhunderten verzichten. Zu solcher Feier ist auch jetzt kein Anlaß vorhanden, für den Deutschen liegen die großen Ereignisse noch im Keim; will er ein Fest begehen, so ist es ein Fest der Hoffnung; nicht gilt es dem Errungenen, sondern dem zu Erringenden, nicht dem ruhmvollen Sieg, sondern dem mannhaften Kampf, dem Kampfe für Abschüttelung innerer und äußerer Gewalt, für Erstrebung gesetzlicher Freiheit und deutscher Nationalwürde.

Alle deutschen Stämme sehen wir an diesem heiligen Kampfe Theil nehmen; alle seyen darum geladen zu dem großen Bürgervereine, der am Sonntag 27. Mai, auf dem Schlosse zu Hambach bei Neustadt am Haardtgebirge Statt finden wird.

Im Mai hielten, nach germanischer Sitte, die Franken, unsre ruhmbekränzten Väter, ihre National-Versammlungen; im Mai empfing das heldenmüthige Polen seine Verfassung; im Mai regt sich die ganze physische und geistige Natur: wie sollte, wo die Erde mit Blüthen sich schmückt, wo alle keimenden Kräfte zur Entwicklung drängen, wie sollte die Empfindung des freien Daseyns, der Menschenwürde, starren unter der Decke kalter Selbstsucht, verächtlicher Furcht, strafbarer Gleichgültigkeit?

Auf, ihr deutschen Männer und Jünglinge jedes Standes, welchen der heilige Funke des Vaterlands und der Freiheit die Brust durchglüht, strömet herbei! Deutsche Frauen und Jungfrauen, deren politische Mißachtung in der europäischen Ordnung ein Fehler und ein Flecken ist, schmücket und belebet die Versammlung durch eure Gegenwart! Kommet Alle herbei zu friedlicher Besprechung, inniger Erkennung, entschlossener Verbrüderung für die großen Interessen, denen ihr eure Liebe, denen ihr eure Kraft geweiht.

Der Deutschen Mai, Zweite Einladung zum Hambacher Fest, Neustadt, 20. April 1832

Landesarchiv Speyer

Am 18. April 1832 erscheint in verschiedenen rheinbayerischen Zeitungen der Aufruf zu einer »Feier des Jahresgedächtnisses der Verkündigung der Verfassungsurkunde« am 26. Mai 1832. Wenige Tage nach der Veröffentlichung dieser ersten Einladung erscheint eine zweite, die die erste als »ohne Auftrag ergangen« dementiert. Sie ist von 32 Neustadter Bürgern, größtenteils Preßvereinsmitgliedern, unterzeichnet. Es handelt sich überwiegend um wohlhabende Geschäftsleute und Gutsbesitzer. Der Text der Einladung ist nach seiner eigenen Aussage von Siebenpfeiffer verfaßt. Die politisch engagierten Neustadter Bürger haben sich die journalistischen Fähigkeiten Siebenpfeiffers zunutze gemacht, um zu einem Volksfest aufzurufen. Als äußeres Zeichen, daß das Fest einem künftigen politischen Ziel gelte, nicht einem bereits erreichten, ist es von dem bayerischen Verfassungstag am 26. auf den 27. Mai verschoben worden. Dies ist ein Sonntag und damit für die arbeitende Bevölkerung ein sehr viel günstigerer Termin. Ausdrücklich werden auch die Frauen zu dieser politischen Veranstaltung aufgerufen. CF

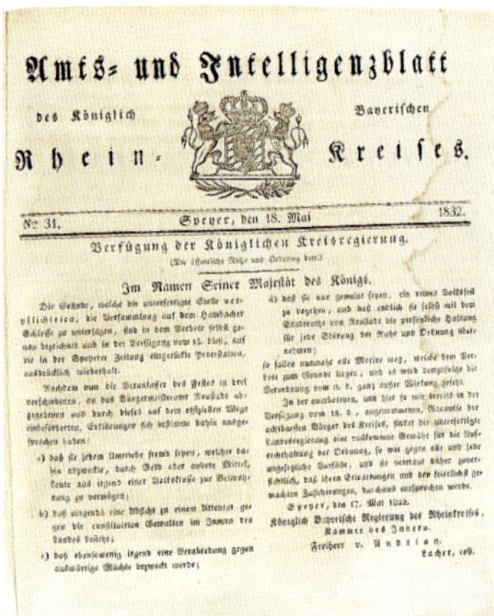

Amts- und Intelligenzblatt des Königlich Bayerischen Rhein-Kreises.

№ 31. Speyer, den 18. Mai 1832.

Verfügung der Königlichen Kreisregierung.
(Die öffentliche Ruhe und Ordnung betr.)

Im Namen Seiner Majestät des Königs.

Die Gründe, welche die unterfertigte Stelle verpflichteten, die Versammlung auf dem Hambacher Schlosse zu untersagen, sind in dem Verbote selbst genau bezeichnet und in der Verfügung vom 15. dieß, auf die in der Speyerer Zeitung eingerückte Protestation, ausdrücklich wiederholt.

Nachdem nun die Veranlasser des Festes in drei verschiedenen, an das Bürgermeisteramt Neustadt abgegebenen und durch dieses auf dem offiziellen Wege einbeförderten, Erklärungen sich bestimmt dahin ausgesprochen haben:

a) daß sie jedem Umtriebe fremd seyen, welcher dahin abzweckte, durch Geld oder andere Mittel, Leute aus irgend einer Volksklasse zur Beiwohnung zu vermögen;

b) daß nirgends eine Absicht zu einem Attentat gegen die constituirten Gewalten im Innern des Landes bestehe;

c) daß ebensowenig irgend eine Verabredung gegen auswärtige Mächte bezweckt werde;

d) daß sie nur gemeint seyen, ein reines Volksfest zu begehen, und daß endlich sie selbst mit dem Stadtrathe von Neustadt die persönliche Haftung für jede Störung der Ruhe und Ordnung übernehmen;

so fallen nunmehr alle Motive weg, welche dem Verbote zum Grunde liegen, und es wird demzufolge die Verordnung vom 8. d. ganz außer Wirkung gesetzt.

In der ausgesprochenen, und hier so wie bereits in der Verfügung vom 15. d., angenommenen, Garantie der achtbarsten Bürger des Kreises, findet die unterfertigte Landesregierung eine vollkommene Gewähr für die Aufrechthaltung der Ordnung, so wie gegen alle und jede ungesetzliche Versuche, und sie vertraut daher zuversichtlich, daß ihren Erwartungen und den feierlichst gemachten Zusicherungen, durchaus entsprochen werde.

Speyer, den 17. Mai 1832.

Königlich Bayerische Regierung des Rheinkreises,
Kammer des Innern.
Freiherr v. Andrian.
Lacher, coll.

Aufhebung des Verbotes des Hambacher Festes

Verfügung der Kreisregierung vom 17. Mai 1832

Amts- und Intelligenzblatt des Königlich Bayerischen Rhein-Kreises Nr. 31 vom 18. Mai 1832, Landesarchiv Speyer

Die unklare Zurücknahme des Festverbotes genügt nicht, um die Unruhe in der Bevölkerung zu dämpfen. Nach erneuten Zusagen der Veranstalter, daß sie ein friedliches Fest abhalten wollen, nimmt der Regierungspräsident das Verbot vollständig zurück und hebt auch die übrigen Maßnahmen wieder auf. CF

Fahrt der Heidelberger Studenten von Mutterstadt nach Frankenthal am 14. August 1828
Radierung
Historisches Museum der Pfalz Speyer

C. M. Thum
Empfang der ersten Abteilung polnischer Helden in Neustadt am 19. Januar 1832, 1832 Lithographie
Historisches Museum der Pfalz Speyer

Ausdruck der Polenbegeisterung in Deutschland sind die Unterstützungsvereine, die Geld und Sachmittel nach Polen übersenden. Zwischen Dezember 1831 und Februar 1832 ziehen Gruppen polnischer Emigranten ins französische Exil. Viele Polen nehmen am Hambacher Fest teil. Einige sprechen zu den Anwesenden. Vision der »Hambacher« war ein Bund der freien Völker Europas. WL

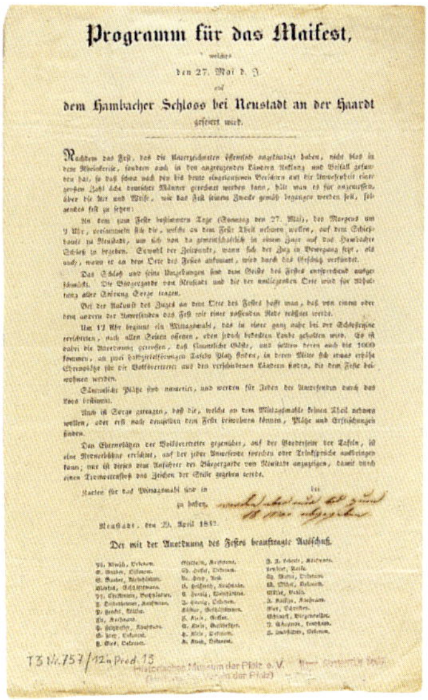

Programm für das Maifest,
welches
den 27. Mai d. J.
auf
dem Hambacher Schloss bei Neustadt an der Haardt
gefeiert wird.

Programm für das Maifest, welches den 27. Mai d. J. auf dem Hambacher Schloß bei Neustadt an der Haardt gefeiert wird.
Neustadt, 29. April 1832, Flugblatt,
Landesarchiv Speyer

Ende April 1832 veröffentlicht der Festausschuß in verschiedenen Zeitungen und als Flugblatt das Programm zum Hambacher Fest. Im Mittelpunkt dieses Programms steht das Mittagsmahl, das um zwölf Uhr in einer eigens errichteten Laube eingenommen werden soll. Es sind Plätze für 1000 Gäste vorgesehen. Gegenüber der Festtafel sollte eine Rednertribüne errichtet werden. CF

»Schon der Vorabend des Festes war schön. Von allen Seiten ankommende Gäste fanden in allen Wirtshäusern gastliche Aufnahme.«

Friedrich Funck, Juli 1832

Das Hambacher Fest am 27. Mai 1832

Der Zug auf das Hambacher Schloß am 27. Mai 1832
Federlithographie
Historisches Museum der Pfalz Speyer

Diese kolorierte Darstellung, Beilage der Zeitschrift »Zeitgeist«, ist die einzige authentische Darstellung des Hambacher Zuges mit seinen nahezu 30 000 Teilnehmern, die am 27. Mai 1832 erstmals für Freiheit, Bürgerrechte und nationale Einheit friedlich demonstrierten. Die deutschen Nationalfarben schwarz-rot-gold fanden sich auf Fahnen und Kokarden. Der Zug, in dem Männer und Frauen – Franzosen, Polen, Pfälzer, Abgeordnete, Studenten, Handwerker, Bürger, Bauern und Winzer mitgingen, zog singend hinauf zur Hambacher Schloßruine. MMG

Der Tag des Hambacher Festes

6 Uhr
In Neustadt läuten die Glocken, und Böllerschüsse werden abgefeuert.

8 Uhr
Die Festteilnehmer sammeln sich in Neustadt. Der Zug nimmt Aufstellung: Bürgergarde mit Musik, Frauen und Jungfrauen mit der Polnischen Fahne, zweite Abteilung Bürgergarde, Abteilung der Festordner mit schwarz-rot-goldenen Schärpen, in deren Mitte die »deutsche Fahne«, der ganze Landrat Rheinbayerns, eine zweite Abteilung Festordner, verschiedene Deputationen aus den deutschen Staaten, verschiedene andere Festbesucher aus allen deutschen Ländern, jeweils mit deutschen Fahnen, eine Abteilung Bürgergarde

9.30 Uhr
Der Zug kommt auf dem Hambacher Schloßberg an. Auf den höchsten Zinnen der Ruine wird die schwarz-rot-goldene Fahne mit der Aufschrift »Deutschlands Wiedergeburt« gehißt, und die polnische Fahne wird aufgepflanzt.

10 Uhr
Fast alle Festteilnehmer sind auf dem Schloßberg angelangt, es folgt die Begrüßungsrede des Doktor Hepp.
Beim Einsturz einer Ruinenmauer kommt ein Mann ums Leben, mehrere Personen werden verletzt. Trommelmusik löst Panik in der Menge aus, aber die vermeintlichen Soldaten entpuppen sich als harmlose Bauern.

11 Uhr
Die Reden sind im vollem Gange. Zwischen den Reden werden Grußadressen aus den deutschen Staaten, vom polnischen National Comitée aus Paris und aus Straßburg verlesen und patriotische Lieder gesungen. Von den leichten Regenschauern läßt sich niemand stören.

12 Uhr
Friedrich Funck überreicht im Namen der Frankfurter Festteilnehmer Wirth als Ehrengabe ein »deutsches Schwerdt«.

13 Uhr
Plötzlich setzt heftiger Gewitterregen ein. Das Mittagessen fällt im wahrsten Sinn des Wortes ins Wasser.

14.30 Uhr
Die Sonne bricht durch die Wolken, der Regen hört auf.

15 Uhr
Von verschiedenen Punkten aus werden weitere Reden gehalten. Freiheitslieder werden gesungen, Wein und Bier fließt in Strömen.

20 Uhr
Bei anbrechender Dunkelheit verlassen die meisten Festbesucher den Hambacher Schloßberg.
Die wenigsten gehen nach Hause.
In Neustadt wird in den Wirtshäusern weiter gefeiert.
Am kommenden Tag findet im Neustadter Schießhaus eine Nachversammlung statt, auf der weitere Reden gehalten werden.
KB

Schwarz, Rot, Gold

Georg Friedrich Kersting (1785–1847)
Theodor Körner, Friesen und Hartmann auf Vorposten 1815
Öl auf Leinwand, 46 x 35 cm,
Staatliche Museen zu Berlin,
Preußischer Kulturbesitz, Nationalgalerie

Viele Studenten haben bei den »Lützowern«, einem Freicorps im preußischen Heeresverband, gekämpft. Ihre Uniform – schwarzer Rock mit roten Vorstößen und goldenen Knöpfen – entwickelt sich zum Symbol der nationalen und liberalen Bewegung. WL

Während des Hambacher Festes wurden zahlreiche Fahnen auf den Hambacher Schloßberg getragen. Die berühmteste ist die Fahne mit der Aufschrift »Deutschlands Wiedergeburt«. Auch der zwanzigjährige Wirt und Bäcker Johann Ziegler aus Weyher trug während des Festzuges eine solche Fahne mit den Farben schwarz-rot-gold auf das Schloß. Diese Fahne wurde in der Familie über die Generationen hin weitergegeben. Heute sind Hambacher Fahnen sehr selten. Nach dem Hambacher Fest wurde das Tragen der Farben schwarz-rot-gold, sowohl in Fahnen als auch Kokarden verboten. MMG

Hambacher Fahne

Hambach und Weyher/Pfalz, 1832

Haus der Geschichte der Bundesrepublik Deutschland, Bonn

und Historischer Verein der Pfalz, Speyer

Fahne der Dürkheimer Winzer 1832

Baumwolle, Ölfarbe

Ursprünglich beidseitig beschriftet, heute doubliert

Museumsgesellschaft Bad Dürkheim e. V.

Museum der Stadt Bad Dürkheim im Haus Catoir

Mit der ehemals schwarzen Fahne protestieren die Dürkheimer Winzer auf dem Hambacher Fest gegen die schlechte wirtschaftliche Lage der Winzer. Die Fahne trägt die Aufschrift »Die Weinbauern müssen trauern«. Der Fahnenträger Johannes Fitz, ein Winzer, wird wegen seiner roten Haare »der rote Fitz« genannt.

Die bayerische Regierung betreibt in der Pfalz eine außerordentlich ungeschickte Steuer- und Zollpolitik, gegen die sich Bauern und Winzer lange Zeit vergeblich zur Wehr setzen. Erst mit dem Beitritt Bayerns zum Zollverein 1834 verbessert sich die wirtschaftliche Lage. LT

Die Deutschen Farben

Zum Hambacher Fest werden aus vielen Städten und Dörfern Abgesandte geschickt. Während sich die einfachen Festbesucher der Kokarde als des symbolischen Ausweises ihrer fortschrittlichen Gesinnung bedienen, tragen die förmlichen Abgesandten nicht selten eine Schärpe in den Farben Schwarz-Rot-Gold. LT

Kokarde

Pfalz, 1832

Historisches Museum der Pfalz Speyer

»Außer der den Festzug eröffnenden polnischen Fahne erschien in großem und kleinem Format die Paniere mit den von der Burschenschaft seit 1816 gewählten drei Farben (Schwarz – Gegenwart, Rot – das Blut des Kampfes für eine bessere Zukunft, angedeutet durch das Gold der Morgenröte). ... Cocarden der selben drei Farben zeigten sich an allen Hüten. Einige der Festredner waren mit ebensolchen Schärpen bezeichnet.«

Bayerischer Spitzel

Schärpe in Schwarz-Rot-Gold

Pfalz, 1832

Historisches Museum der Pfalz Speyer

Hambacher Feste – Freiheitsweste

um 1832

Jönköpings läns museum, Jönköping, Schweden

Die deutschen Farben Schwarz-Rot-Gold werden auf dem Hambacher Fest endgültig zum Symbol für Freiheit und nationale Einheit. In den Stoff der Weste sind schwarz-rot-goldene Streifen eingewebt. Der schwarze Streifen ist zusätzlich noch mit dem Wort »Freiheit« versehen. Nach dem Hambacher Fest, am 5. Juli 1832, werden die deutschen Farben innerhalb der Staaten des Deutschen Bundes verboten. KB

Einheit und Freiheit

»Als der Anfang des Zuges am Ort des Festes angekommen war, wurde auf einem erhöhten Punkt die polnische, und oben auf den höchsten Zinnen der Ruine die deutsche Fahne aufgepflanzt.«

Wirth, offizielle Festbeschreibung

Das Hambacher Tuch wurde nach dem Hambacher Fest als Erinnerung an die Ereignisse verkauft. In der Mitte ist der Zug auf das Hambacher Schloß zu sehen. Kreisförmig um diese mittlere Abbildung sind 16 Männer dargestellt, die sich ganz besonders um die Durchsetzung freiheitlicher Ideen bemüht haben. Johann Georg August Wirth und Jakob Siebenpfeiffer etwa waren auch beim Hambacher Fest dabei.
Die Frauenfiguren in den Ecken verkörpern die Tugenden Weisheit, Tapferkeit, Gerechtigkeit und Besonnenheit. Die bayerische Regierung verbot dieses Erinnerungsstück und beschlagnahmte es sofort. MMG

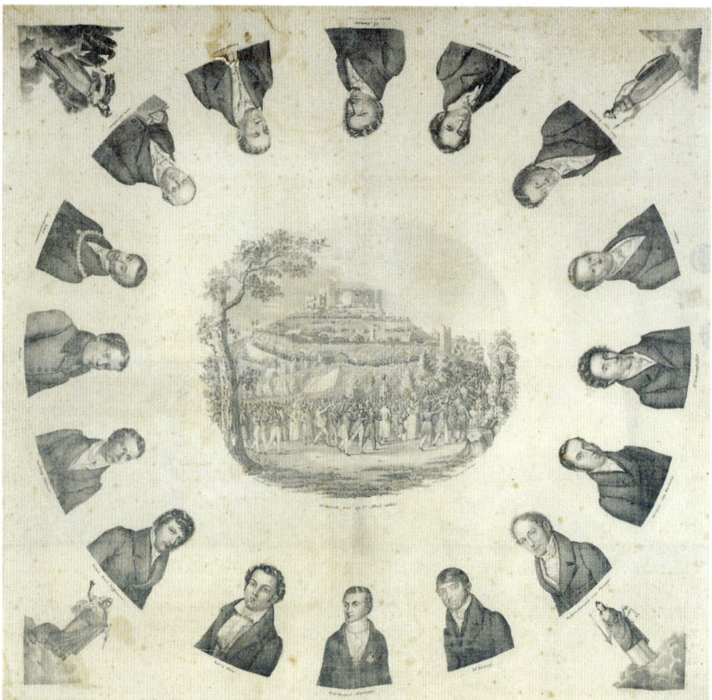

Hambacher Tuch

Heim und Sohn, St. Gallen, um 1832

Baumwollbatist

Museum der Stadt Neustadt a. d. W.

Deutschlands Wiedergeburt
schwarz-rot-goldene Fahne mit Inschrift
148 x 250 cm
Museum der Stadt Neustadt

Mit dieser Fahne eröffnet der Neustadter Festordner Johann Philipp Abresch den Zug zum Hambacher Schloß. Die Farben Schwarz-Rot-Gold, die von der Farbkombination der Lützowschen Uniform in den Befreiungskriegen herrühren und von den Burschenschaften übernommen wurden, erscheinen am Hambacher Fest möglicherweise zum ersten Mal in der Zusammensetzung als Trikolore. Die drei Farben Schwarz-Rot-Gold nehmen hier die uns geläufige Reihenfolge ein. Fahnen in den sogenannten deutschen Farben galten den Behörden als Kennzeichen revolutionärer Gesinnung. Die Inschrift der Fahne nennt das politische Ziel der Hambacher, die Errichtung eines deutschen Nationalstaates. CF

Johann Philipp Abresch
(1804–1861)
um 1840
Öl auf Leinwand
Privatbesitz

Anna Maria Abresch
um 1840
Öl auf Leinwand
Privatbesitz

Johann Philipp Abresch ist der Fahnenträger der Hauptfahne »Deutschlands Wiedergeburt« beim Hambacher Fest. Von Beruf Kaufmann, gehört er sowohl dem Preßverein und dem Festausschuß als auch dem Neustadter Stadtrat an.

Seine Gattin, Anna Maria, soll bei der Arbeit der Neustadter Frauen an der Hauptfahne mitgewirkt haben. WL

Die Freiheitsreden

»... mit den Patrioten aller Nationen, die für Freiheit, Volkshoheit und Völkerglück das Leben einsetzen und entschlossen sind. Hoch! Dreimal hoch das conföderierte republikanische Europa!«

Johann August Wirth (1798–1848) in seiner Rede auf dem Hambacher Fest

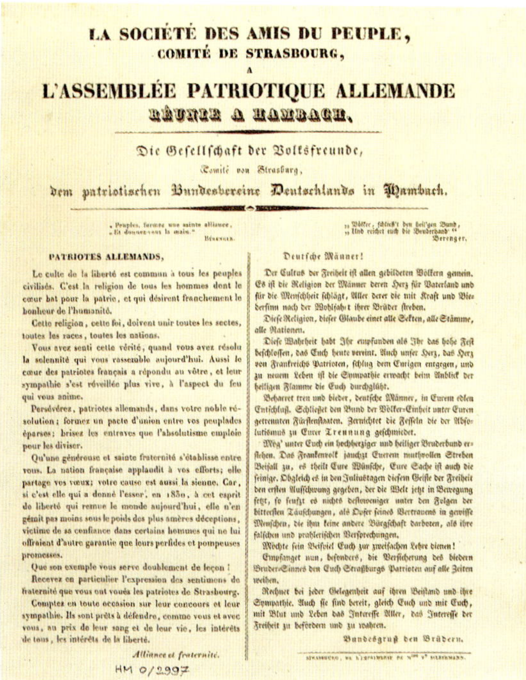

LA SOCIÉTÉ DES AMIS DU PEUPLE,
COMITÉ DE STRASBOURG,
A
L'ASSEMBLÉE PATRIOTIQUE ALLEMANDE
RÉUNIE A HAMBACH.

Die Gesellschaft der Volksfreunde,
Comité von Strasburg,
dem patriotischen Bundesvereine Deutschlands in Hambach.

„Peuples, formez une sainte alliance,
„Et donnez-vous la main."
BÉRANGER.

„Völker, schließt den heil'gen Bund,
„Und reichet euch die Bruderhand"
Berenger.

PATRIOTES ALLEMANDS,

Le culte de la liberté est commun à tous les peuples civilisés. C'est la religion de tous les hommes dont le cœur bat pour la patrie, et qui désirent franchement le bonheur de l'humanité.

Cette religion, cette foi, doivent unir toutes les sectes, toutes les races, toutes les nations.

Vous avez senti cette vérité, quand vous avez résolu la solennité qui vous rassemble aujourd'hui. Aussi le cœur des patriotes français a répondu au vôtre, et leur sympathie s'est réveillée plus vive, à l'aspect du feu qui vous anime.

Persévérez, patriotes allemands, dans votre noble résolution; formez un pacte d'union entre vos peuplades éparses; brisez les entraves que l'absolutisme emploie pour les diviser.

Qu'une généreuse et sainte fraternité s'établisse entre vous. La nation française applaudit à vos efforts; elle partage vos vœux; votre cause est aussi la sienne. Car, si c'est elle qui a donné l'essor, en 1830, à cet esprit de liberté qui remue le monde aujourd'hui, elle n'en gémit pas moins sous le poids des plus amères déceptions, victime de sa confiance dans certains hommes qui ne lui offraient d'autre garantie que leurs perfides et pompeuses promesses.

Que son exemple vous serve doublement de leçon!

Recevez en particulier l'expression des sentimens de fraternité que vous ont voués les patriotes de Strasbourg.

Comptez en toute occasion sur leur concours et leur sympathie. Ils sont prêts à défendre, comme vous et avec vous, au prix de leur sang et de leur vie, les intérêts de tous, les intérêts de la liberté.

Alliance et fraternité.

Deutsche Männer!

Der Cultus der Freiheit ist allen gebildeten Völkern gemein. Es ist die Religion der Männer deren Herz für Vaterland und für die Menschheit schlägt, Aller derer die mit Kraft und Biedersinn nach der Wohlfahrt ihrer Brüder streben.

Diese Religion, dieser Glaube einet alle Sekten, alle Stämme, alle Nationen.

Diese Wahrheit habt Ihr empfunden als Ihr das hohe Fest beschlossen, das Euch heute vereint. Auch unser Herz, das Herz von Frankreichs Patrioten, schlug dem Eurigen entgegen, und zu neuem Leben ist die Sympathie erwacht beim Anblick der heiligen Flamme die Euch durchglüht.

Beharret treu und bieder, deutsche Männer, in Eurem edlen Entschluß. Schließet den Bund der Völker-Einheit unter Euren getrennten Fürstenstaaten. Zernichtet die Fesseln die der Absolutismus zu Eurer Trennung geschmiedet.

Mög' unter Euch ein hochherziger und heiliger Bruderbund erstehen. Das Frankenvolk jauchzt Euerem muthvollen Streben Beifall zu, es theilt Eure Wünsche, Eure Sache ist auch die seinige. Obgleich es in den Juliustagen diesem Geiste der Freiheit den ersten Aufschwung gegeben, der die Welt jetzt in Bewegung setzt, so seufzt es nichts destoweniger unter den Folgen der bittersten Täuschungen, als Opfer seines Vertrauens in gewisse Menschen, die ihm keine andere Bürgschaft darboten, als ihre falschen und prahlerischen Versprechungen.

Möchte sein Beispiel Euch zur zweifachen Lehre dienen!

Empfanget nun, besonders, die Versicherung des biedern Bruder-Sinnes den Euch Straßburgs Patrioten auf alle Zeiten weihen.

Rechnet bei jeder Gelegenheit auf ihren Beistand und ihre Sympathie. Auch sie sind bereit, gleich Euch und mit Euch, mit Blut und Leben das Interesse Aller, das Interesse der Freiheit zu befördern und zu wahren.

Bundesgruß den Brüdern.

HM 0/2997

Grußadresse zum Fest »La société des amis du peuple, comité de Strasbourg, à l'assemblée patriotique allemande réunie á Hambach«
Grußadresse der französischen Gesellschaft der Volksfreunde Straßburg, Sielbermann, 1832
Landesarchiv Speyer

Die Anteilnahme der liberal gesinnten französischen Nachbarn an der deutschen Freiheitsbewegung manifestiert sich am Hambacher Fest in der Anwesenheit einer Gruppe von Franzosen. Ihr Redner ist der Straßburger Advokat Lucien Rey. Eine Delegation des Straßburger Komitees der »Gesellschaft der Volksfreunde« überbringt diese Grußadresse. CF

Burger, Ludwig (1825–1884)
Redner auf dem Hambacher Fest
um 1882, Zeichnung

Karte zum Mittagsmahl auf dem
Hambacher Fest 1832
Lithographie, 6,5 x 10,8 cm
Historisches Museum der Pfalz Speyer

Auch das Hambacher Fest wird – wie die übrigen politischen Volksversammlungen – als Bankett, jedoch von besonders großem Ausmaß und unter freiem Himmel gefeiert. Das Mittagessen ist für 1000 Personen an halbkreisförmig angeordneten Tischen vorbereitet. Die Karten zum Mittagsmahl wurden zuvor zum vergleichsweise hohen Preis von 1 Gulden 45 Kreuzer von Geschäftsleuten in Neustadt und anderen pfälzischen Orten verkauft. Die Plätze an der Tafel werden verlost. CF

Tafelnde Festteilnehmer am Hambacher Fest
1832, Federlithographie
Museum der Stadt Neustadt

Da politische Versammlungen von der Obrigkeit verboten sind, tarnt man solche Veranstaltungen als Festessen. Auf dem Hambacher Fest fällt das Mittagessen im wahrsten Sinne des Wortes ins Wasser: »Die Mittagszeit war herangekommen, statt der Suppe füllten sich die Teller mit Wasser, die schön aufgetragenen Braten und Schinken schwammen und die Brote zerweichten«, so der preußische Spitzel über den plötzlich einsetzenden Regen. Die Festteilnehmer lassen sich dadurch jedoch nicht die Stimmung verderben. KB

Frauen und Männer

»Es war den ganzen Tag schönes Wetter, ein kurzer Gewitterschauer durchnäßte die dünnen, schönen weißen Kleider der jungen Mädchen«

Friedrich Deidesheimer, Tagebuchaufzeichnungen

Die Neustadter Bürgergarde war auch unter den Teilnehmern des Hambacher Festes. Der Tschako ist die Kopfbedeckung dieser Bürgergarde.

Czako der Neustadter Bürgergarde

1832

Museum der Stadt Neustadt a. d. W.

Trommel der Neustadter Bürgergarde

1832 oder 1848

Museum der Stadt Neustadt a. d. W.

Musikbegleitung spielt bei Festveranstaltungen eine große Rolle. So wird auch der Festzug zum Hambacher Schloß am 27. Mai 1832 von einer »Abteilung Bürgergarde mit Musik« angeführt.

Baumwollkleid

Pfalz, um 1825

Historisches Museum der Pfalz Speyer

Seidenkleid

Pfalz, um 1825

Historisches Museum der Pfalz Speyer

Zwischen 1795 und 1810 erlebt die Damenmode, ausgehend vom revolutionären Frankreich, eine grundlegende Umwälzung. In der Abkehr vom altertümlichen Rokokoputz entwickelt sich eine leichte, luftige, körpergerechte Kleidermode. Danach gab es auch in der Mode eine Art Restauration: Nach 1810 setzt sich die Schnürung wieder durch. Dieses Seidenkleid wurde vermutlich mit Korsett und Unterkleid aus Leinen getragen. Zusätzlich wurde die hochgezogene Taille im Rücken geschnürt. Im Gegensatz zur Empire-Mode erscheint die Mode der Biedermeierzeit förmlicher und distanzierter. LT

Das Ehrenschwert für Dr. Wirth

»Darum, deutsche Patrioten, wollen wir die Männer wählen, die durch Geist, Feuereifer und Charakter berufen sind, das große Werk der deutschen Reform zu beginnen und zu leiten ...«

Johann Georg August Wirth in seiner Rede auf dem Hambacher Fest

A. Hatzfeld
Friedrich Funck (1804–1857)
Lithographie nach einer Zeichnung
von C. Zimmermann
Hanau, W. Kuhl, 1832
42,7 x 30,0 cm

Johann Georg August Wirth
um 1847
Öl auf Leinwand
Privatbesitz

Der Privatgelerte und Literat Friedrich Funck überreicht als Sprecher der Frankfurter Festbesucher Johann Georg August Wirth ein »deutsches Schwert«. Friedrich Funck hat in Heidelberg und Jena Theologie studiert. Wegen seiner oppositionellen Veröffentlichungen wird er mehrmals verhaftet und sitzt zum Teil harte Zuchthausstrafen ab. KB

Ehrenschwert von Johann Georg August Wirth
mit Scheide und Gürtel
Inschrift auf der Scheide:
DEM WIRTH / DEUTSCHE FRANKFURT,
Inschrift auf dem Griff: Vaterland Bornheim, 1832
Metall, Sperrholz, Velourstoff, Leder, L 88 cm
Privatbesitz

Nach seiner Rede auf dem Hambacher Fest erhält Johann Georg August Wirth von den Frankfurter Festteilnehmern ein Ehrenschwert. Der Frankfurter Literat und Privatgelehrte Friedrich Funck überreicht das Schwert als Dank für das, was Wirth für die »Preßfreiheit« getan hat. Er hat es nach eigenem Entwurf bei einem Bornheimer Instrumentenmacher anfertigen lassen. Wirth versteht das Schwert als »Symbol dessen, was geschehen müsse«, nämlich der Kampf um Deutschlands Einheit und Freiheit. FL

Die Schießhausversammlung

Schießhaus um 1848

Historisches Museum der Pfalz Speyer

Unter den süddeutschen Liberalen ist der Weg zur Verwirklichung der politischen Ziele überaus strittig. In einer Nachversammlung des Festes, am 28. Mai 1832, im Schießhaus der Neustadter Schützen sollen konkrete Schritte vereinbart werden. Viele führende Köpfe der Oppositionsbewegung sind anwesend. Die Versammlung nimmt einen tumultartigen Verlauf. Man kann sich nicht auf eine Vorgehensweise einigen. Deputierte werden gewählt, die den Willen des deutschen Volkes repräsentieren und eine Opposition gegen den Bundestag in Frankfurt bilden sollen. Dennoch entscheidet man sich für eine abwartende Haltung. Aus taktischen Gründen verhindert Friedrich Schüler konkrete Schritte, indem er die Frage nach der »Legitimation« der Gewählten stellt, für das Volk zu handeln. Gegenmaßnahmen der bayerischen Regierung sind bereits absehbar: der Advokat Hallauer verläßt weinend die Versammlung, indem er ausruft: »Im Gefängnis sehen wir uns wieder«. WL

»Wir wollen eine Grundreform Deutschlands auf gesetzlichem Weg durchführen, wir wollen nicht angreifend, sondern verteidigend zu Werke gehen. Solange man uns mit Dekreten und Verboten bedroht, setzen wir die Kraft des Wortes dagegen.«

Philipp Jakob Siebenpfeiffer in »Grundzüge des Reformvereines«

Hambacher Schürze 1833

bedrucktes Tuch

Historisches Museum der Stadt Speyer

Die Popularität des Hambacher Festes zeigt sich bei einer Reihe von Gebrauchsgegenständen, die nach der Niederschlagung der Hambacher Bewegung zum Ausdruck politischer Gesinnung werden. Aus dem bedruckten Stoff mit dem bekannten Motiv des Zuges auf das Hambacher Schloß konnten sich die Frauen eine Schürze nähen. Die Einzelteile, wie die Taschen, mußten ausgeschnitten und zusammengenäht werden. CF

Die Hambacher Lieder

Hambacher Favorit-Marsch

Für das Piano Forte Nr. 3688

Mainz, B. Schott's Söhne

26,7 x 16,8 cm

Archiv und Museum

der Stadt Landau

Das Hambacher Fest inspiriert in vielfältiger Weise die populäre Musik. Neben zahlreichen Liedern entstehen auch eine Reihe von Klavierstücken, Märsche und Walzer, die dem Ereignis gewidmet sind und oft auf der Titelseite eine Abbildung des Festes tragen. CF

Liederbuch mit schwarz-rot-goldenem Schnitt

Pfalz, nach 1832

Landesbibliothek Speyer

Depositum des Historischen Museums

der Pfalz Speyer

Das kunstvoll in Leder eingebundene Buch mit schwarz-rot-goldenem Schnitt enthält eine Zusammenstellung von Volksliedern und Chorgesang. Zumeist handelt es sich um unverfängliches Liedgut. Das »Bundeslied deutscher Männer« wäre gedruckt womöglich der Zensur anheimgefallen. Deshalb werden solche Liedersammlungen in handschriftlicher Form verbreitet. Der nationale Überschwang mutet heute vielfach überzogen an. Bürgerliche Gesangvereine werden in der Zeit des Vormärz von der Obrigkeit oft als Sammelbecken demokratisch gesinnter Aufrührer angesehen. LT

Siebenpfeiffer der Erste, 1832

Lithographie

Institut für Hochschulkunde Würzburg

Maiglöckchen, Maitrank, Maibutter, sogar Maifische zeigt das Spottblatt auf das Hambacher Fest mit konservativem Grundton. Es zeigt »Siebenpfeiffer den Ersten. Großer Maikäfer des einen und unteilbaren Deutschlands, allezeit Mehrer des Reiches, gewählt und proklamiert auf der Ruine Hambach am 29. Mai 1832.« WL

»Was wollte das Hambacher Fest? An die Stelle der zertretenen Presse treten. Dies ist die Idee des Festes, worüber niemand eine Deutung zusteht als mir, dem Stifter.«

Philipp Jakob Siebenpfeiffer im August 1833

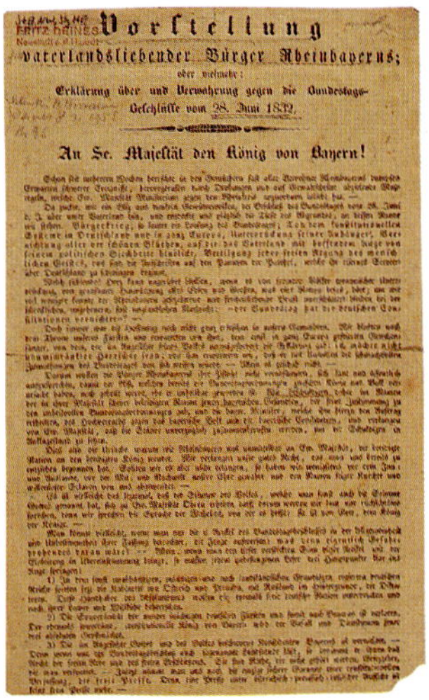

Vorstellung
vaterlandsliebender Bürger Rheinbayerns;
oder vielmehr:
Erklärung über und Verwahrung gegen die Bundestags-Beschlüsse vom 28. Juni 1832.

An Se. Majestät den König von Bayern!

Protestaktion der Neustadter Bürger gegen die Bundestagsbeschlüsse vom 28. Juni 1832, die die landesständischen Befugnisse, wie das Budgetrecht, das Gesetzgebungsrecht, die Rede- und die Berichtsfreiheit, einschränken.

Vorstellung vaterlandsliebender Bürger Rheinbayerns; oder vielmehr: Erklärung über Verwahrung gegen die Bundestags-Beschlüsse vom 28. Juli 1832

1832, Flugblatt

Stadtarchiv Neustadt a. d. W.

[redacted]

Hambach und die Folgen

»Nein, die Angeklagten sind nicht schuldig.«

Johann Georg August Wirth in Walderode, Emmishofen 1845

Hambach und die Folgen

Frédéric Sorrieu (*1807)

1848, Der Traum von der Universellen

Demokratischen Sozialen Republik

um 1848, Farblithographie

Musée Carnavalet Paris

Aufgerüttelt durch die Februarrevolution in Frankreich breiten sich über Europa Aufstände und Rebellion aus. In fast allen deutschen Staaten kommt es zu Demonstrationen oder sogar zu Straßenkämpfen. Unter dem Motto der »Brüderlichkeit« pilgern die Nationen der Welt friedlich zur »Statue der Menschenrechte«. Im Vordergrund liegen die zerbrochenen Fürstenkronen. KB

Während die Hoffnung liberaler Demokraten weiter besteht, stehen in der Pfalz die Zeichen auf Restauration. Bereits während der 30er Jahre beginnt die Massenemigration aus der Pfalz. Neben der Flucht in die Freiheit sind es vorwiegend wirtschaftliche und soziale Gründe, die die Menschen zur Auswanderung zwingen. Alle Hoffnung der Opposition, aus dem deutschen Bund einen Nationalstaat mit demokratischer Grundlage zu formen, wird im Keim erstickt. Pressefreiheit, Versammlungsfreiheit und Meinungsfreiheit werden weiter eingeschränkt. Einzelaktionen, wie der Sturm revolutionär gesinnter Studenten auf die Frankfurter Hauptwache im Jahr 1833, scheitern kläglich. Ein ganzes Volk, so scheint es, hat sich in die private Sphäre spätbiedermeierlichen Familienglücks zurückgezogen. 1842 vollziehen die Pfälzer einen peinlichen Kniefall: ausgerechnet das Hambacher Schloß wird dem bayerischen Kronprinzen als Hochzeitsgeschenk übereignet.

1848 bricht in Paris wieder die Revolution aus und trägt den Funken der Freiheit in nahezu alle europäischen Länder. In Deutschland sind es Forderungen des Hambacher Festes, die thematisiert werden. WL

Der Prozeß

Öffentliches Gericht im Apellhof zu Zweibrücken in Anwesenheit Seiner Majestät des Königs Ludwig von Bayern
aus: Des Rheinkreis Jubelwoche, Speyer 1829
26,2 x 28,2 cm, Landesbibliothek Speyer

Am 26. Mai 1818 erläßt König Maximilian Joseph eine Verfassung für Bayern. In der Pfalz ist diese bayerische Verfassung jedoch nur insofern gültig, als sie mit dem fortbestehenden französischen Recht vereinbar ist. In einem ihrer Zusatzartikel werden »die bestehenden besonderen Institutionen« der Pfalz garantiert. Das Kernstück der »Institutionen« ist die Gerichtsverfassung. Sie ist geprägt von öffentlichen Verhandlungen und der Zuständigkeit von Geschworenengerichten in Strafsachen, den sogenannten Assisengerichten. MMG

Die Wortführer der Opposition werden 14 Monate in Untersuchungshaft genommen. Aus Angst vor Zwischenfällen wird das Gericht für die Dauer des Prozesse von Zweibrücken in die Festung Landau verlegt. Die öffentliche Gerichtsverhandlung endet mit einem sensationellen Freispruch für alle Angeklagten. WL

Schauplatz der Assisengerichts-verhandlung, 1833
Lithographie
Archiv und Museum Landau

Franz Carl Schwaab

Das Zentralgefängnis in Kaiserslautern

1829, Lithographie

Historisches Museum der Pfalz Speyer

Die Untersuchungen der Behörden ziehen sich monatelang hin. Die anfänglich lockeren Haftbedingungen werden verschärft, strenge Einzelhaft verhängt. Siebenpfeiffer beklagt sich im November 1832 über die lange Untersuchungshaft und bittet darum: »... daß man uns nicht ohne Urtheil im Kerker zu Grunde gehen lasse...« Insgesamt vierzehn Monate sollen vergehen, bis die Angeklagten endlich vor Gericht stehen. Die Verhandlung an einem Schwurgericht wird von der Regierung so lange wie möglich hinausgezögert. Man vermutet unter den Geschworenen Sympathisanten der liberalen Bewegung. Die Bevölkerung zeigt sich mit den Inhaftierten solidarisch. Da die Gefängniskost schmal ausfällt, bringt man ihnen frische Lebensmittel ins Gefängnis. Weiterhin werden Freiheitsbäume als Zeichen der demokratischen Aufbruchsbewegung gepflanzt. WL

Die Solidarität

Los des Frauen- und Mädchenvereins am Haardtgebirge, Mai 1833
13 x 21,5 cm
Museum der Stadt Neustadt a. d. W.

Als Reaktion auf die Verhaftungswelle nach dem Hambacher Fest gründen die Frauen und Mädchen Vereine, die die inhaftierten liberalen Wortführer und ihre Familien finanziell unterstützen sollen. Aus diesem Grund werden Verlosungen veranstaltet, bei denen unter anderem von den Mitgliedern gefertigte Handarbeiten zu gewinnen sind. Ein solcher Zusammenschluß verfolgt nicht nur einen karitativen Zweck, sondern es ist gleichzeitig eine öffentliche Solidaritätsbekundung mit der politischen Opposition. CF

Bonbonpapier in Rot-Gold-Schwarz als Beilage eines Briefes des Festungskommandanten Sebastian von Braun
Landau, 6. Februar 1833
25,5 cm x 20,4 cm
Bayerisches Hauptstaatsarchiv München

Während der Untersuchungshaft der inhaftierten Wortführer 1833 in Landau gingen gelegentlich versteckte und phantasievolle Bekundungen der Solidarität mit den Eingekerkerten von Hand zu Hand. Ein beschlagnahmtes Bonbonpapier in Schwarz-Rot-Gold zeigt dies deutlich: Es trägt die Aufschrift »Und du mein Volk läßt ruhig das geschehen, läßt deine Manneskraft im Kerker untergehn«. WL

Sympathie und Verehrung

Wirtshausschild aus der Zeit
des Hambacher Festes
um 1832, Lithographie
Museum der Stadt Neustadt a. d. W.

Wird der Text des »Wirtshausschildes« von links nach rechts gelesen, handelt es sich um eine unverfängliche Gasthauswerbung. Liest man nur den Text auf der rechten Seite von oben nach unten, entdeckt man eine versteckte Sympathiekundgebung für den verhafteten Wirth und Siebenpfeiffer. KB

Goldene Taschenuhr von Johann Georg August Wirth, 1835
Inschrift: »Dir! / um der Wahrheit Willen verfolg / ten reinen Vaterlandes Freund / J. G. A: Wirth ! / zum Andenken / mit Liebe und Verehrung / von / L. F. W. und A. L. F. / am 27. Mai 1835«
Privatbesitz

Den dritten Jahrestag des Hambacher Festes erlebt Johann Georg August Wirth im Kaiserslauterer Zentralgefängnis. Freunde schenken ihm am 27. Mai 1835 eine goldene Taschenuhr mit der Inschrift: »Dir! Um der Wahrheit Willen verfolgten reinen Vaterlandes Freund J. G. A: Wirth! Zum Andenken mit Liebe und Verehrung von L. F. W. und A. L. F. am 27. Mai 1835«. Die Monogramme verweisen auf den Verleger Christian Friedrich Winter und Amalie Lemmé. Beide unterstützen Wirth über Jahre hinweg in seiner politischen Tätigkeit. FL

Die »Wiedergutmachung«

Die Maxburg in der Rheinpfalz
um 1846, Stahlstich
Historisches Museum der Pfalz Speyer

Als im Jahr 1842 der bayerische Kronprinz Maximilian die Prinzessin Marie von Preußen heiratet, wird in der Pfalz eine Ideen-Findungs-Kommission gegründet. Der Anlaß wird willkommener Auslöser einer politischen Kniebeuge: Das Hambacher Schloß, Ort des liberalen Protests, wird zum Hochzeitsgeschenk des Paares. Während der festlichen Übergabe wird das Schloß in »Maxburg« umbenannt. Die visionäre Darstellung des Schlosses orientiert sich an den Plänen des bayerischen Hofarchitekten August von Voit. 1844 beginnen die Baumaßnahmen. Wegen der hohen Kosten gerät das Projekt bereits 1846 ins Stocken. Maximilian verliert bald das Interesse an der Burg. WL

Ehrenpokal für Kronprinz Maximilian
Joseph H. Wesrermayer nach einem Entwurf von Ludwig Schwanthaler, München 1842
Silber, innen vergoldet, getrieben, gegossen, graviert, punziert
Wittelsbacher Ausgleichsfonds München

Zu den Hochzeitsgeschenken der Pfälzer an den Kronprinzen Maximilian zählt auch ein Ehrenpokal. Der eigens für das festliche Ereignis hergestellte Pokal trägt unterhalb des Randes die Inschrift »Ihres Hohen Pfalzgrafen ersten Sprossen die treuen Pfälzer. Zum 12. Okt. 1842.« KB

Die Auswanderung

Mit dem Jahr 1832 setzt eine Massenauswanderung aus der bayerischen Rheinpfalz ein, die um 1850 ihren Höhepunkt findet. Die Gründe sind die wirtschaftliche Verarmung der Bauern- und Handwerkerfamilien sowie die politische Verfolgung nach dem Hambacher Fest. Zumeist sind die Vereinigten Staaten von Amerika Ziel der Auswanderer. WL

Der Auswanderer nach Amerika an seine Landsleute
um 1845, Lithographie
44,2 x 35,1 cm
Germanisches Nationalmuseum Nürnberg

Auswanderer im Zwischendeck des
Auswanderschiffes »Samuel Hop«
um 1840, Illustration
Archiv Deutsches Schiffahrtsmuseum
Bremerhaven

Strapazen in qualvoller Enge und quälende Langweile in dunklen Schiffsbäuchen nehmen die Auswanderer nach Amerika in Kauf, um sich in Freiheit ein besseres Leben aufzubauen. KB

Die Februarrevolution 1848 in Paris

Die Einnahme der Tuillerien in Paris
Das Volk verbrüdert sich mit den Truppen
um 1848, Lithographie
Staatsbibliothek zu Berlin, Preußischer Kulturbesitz

Wieder ist es Paris, wo die Revolution, die diesesmal ganz Europa erschüttert, ihren Anfang nimmt. Am 24. Februar 1848 siegt in Frankreich ein drittes Mal nach 1789 und 1830 die Revolution. Der »Bürgerkönig« Louis Philippe dankt ab, und Frankreich wird zur Republik. Die Nachricht verbreitet sich in Windeseile über Europa. Bereits drei Tage später kommt es in Mannheim zu einem größeren Volksauflauf, auf dem Presse- und Versammlungsfreiheit, die Gründung von Schwurgerichten und die Berufung eines deutschen Parlamentes gefordert wird. Die Badische Regierung gibt den Forderungen nach. In fast allen deutschen Staaten kommt es zu ähnlichen Demonstrationen, auf denen die Bürger ihre »Märzforderungen« verkünden. Ursache der Aufstände sind in sozialen Mißständen und der schlechten Wirtschaftslage zu suchen. Die deutsche Revolution beginnt mit Demonstrationen und Proklamationen der Forderungen, zu Bürgerkrieg und blutigen Barrikadenkämpfen kommt es erst durch dramatische Zwischenfälle in Wien und Berlin. KB

Christian Schoeller (1782–1851)
Proklamation der Französischen Republik
am 24. Februar 1848
Museum der Stadt Wien

Die provisorische Regierung der Französischen Republik besteht aus Arbeitern, Bürgern und Studenten. Dies bietet Anlaß zu Karikaturen. KB

Auf den Barrikaden

Barrikaden in Mannheim, 1848

Neuruppiner Bilderbogen

Heimatmuseum Neuruppin

Die Nachricht von der Pariser Revolution verbreitet sich in Windeseile. Bereits drei Tage später kommt es in Mannheim zum Volksaufstand. Barrikaden blockieren die Rheinbrücke. In den »Märzforderungen« verlangen die Aufständischen Presse- und Versammlungsfreiheit, die Gründung von Schwurgerichten und die Berufung eines deutschen Parlaments. KB

Die Berliner Barrikadenkämpfe 1848, Lithographie
Staatliche Museen zu Berlin, Preußischer Kulturbesitz, Kunstbibliothek

Seit dem 7. März fanden auch in Berlin große Kundgebungen statt, auf denen ebenfalls die Märzforderungen laut wurden. Auch hier kam es wenige Tage später zu schweren Zusammenstößen zwischen Truppen und Demonstranten. Endlich entschied sich der preußische König Friedrich Wilhelm, den Forderungen nachzugeben. Als am 18. März sein Erlaß vor dem Berliner Schoß verlesen wurde, schoß das Militär aufgrund der Unruhen in die versammelte Menge. In kürzester Zeit waren überall Barrikaden errichtet, und es begann ein bitterer, blutiger Kampf in den Straßen Berlins. Insgesamt waren 240 Tote unter der Zivilbevölkerung und 210 bei den Regierungstruppen zu beklagen. Entsetzt von den Folgen, gab Friedrich Wilhelm erneut den Forderungen der Revolutionäre nach und ließ das Militär abziehen. KB

Die Paulskirche

Am 18. Mai 1848 zieht das erste gewählte gesamtdeutsche Parlament feierlich in die evangelische Paulskirche in Frankfurt ein. In der Zeit vom 18. Mai 1848 bis zum 16. Mai 1849 gehören der Frankfurter Nationalversammlung 799 Abgeordnete aus allen Regionen des Deutschen Bundes an. Unter ihnen sind auch die Hambach-Veteranen Johann Georg August Wirth, Georg Friedrich Kolb und Jakob Venedey. Die meisten Abgeordneten stammen aus dem liberalen Bildungsbürgertum. Beamte, Akademiker und vor allem Juristen sitzen in der Paulskirche. Die wichtigsten Ziele der Nationalversammlung sind die Schaffung eines Grundrechtskatalogs und die Verabschiedung einer Reichsverfassung. Die meisten Abgeordneten streben nach der konstitutionellen Monarchie und treten später für die kleindeutsche Lösung ein. GT

**Erste Sitzung der Nationalversammlung in der Frankfurter Paulskirche um 1890
Holzstich nach Jean Ventadour
(1822–1869)**

Zug des deutschen Parlaments nach der Paulskirche in Frankfurt um 1848, Holzstich
Sammlung Archiv für Kunst und Geschichte

Am 18. Mai 1848 ziehen die gewählten Männer der Nationalversammlung unter Glockengeläut und Jubelrufen in die Paulskirche ein. Die Abgeordneten nehmen sofort ihre Arbeit auf. KB

Die Nationalversammlung

Die Deutsche Nationalversammlung

1848, Lithographie

Sammlung Archiv für Kunst und

Geschichte Berlin

»Wir wollen schaffen eine Verfassung für Deutschland, für das gesamte Reich«, mit diesen Worten umreißt der Präsident Heinrich von Gagern am 19. Mai 1848 die Ziele der Nationalversammlung. KB

Philipp Veit (1793–1877)

Germania, 1848, Öl auf Leinwand

Germanisches Nationalmuseum Nürnberg

Das Monumentalgemälde Philipp Veits entsteht im März 1848. Als Wahrzeichen für ein demokratisches, geeintes Deutschland hängt das Gemälde hoch über den Köpfen der Parlamentarier in der Frankfurter Paulskirche. GT

Die Grundrechte

Wilhelm Völker (1812–1873)
Mitglieder der Linken des ersten deutschen Reichstags in Frankfurt
1848, Lithographie
Historisches Museum der Pfalz Speyer

Die prominenten Pfälzer Abgeordneten, die in der Frankfurter Paulskirche sitzen, sind die Hambach-Veteranen Johann Georg August Wirth, Georg Friedrich Kolb und Jakob Venedy. Die pfälzischen Abgeordneten gehören zum linken Flügel der Nationalversammlung. Wirths Mitarbeit in der Nationalversammlung wird durch seinen frühen Tod im Juli 1848 jäh beendet.

Zwischen mir und mein Volk soll sich kein Blatt Papier drängen
1848, Lithographie
Geheimes Staatsarchiv Berlin

Adolf Schrödter (1805–1875),
Die Grundrechte des deutschen Volkes
1849, Lithographie
Historisches Museum Frankfurt a. M.

Thema der ersten Beratungsphase der Paulskirche ist der Entwurf zu einem Grundrechtskatalog. Zwischen Ende Mai und Anfang Juli erarbeitet der Verfassungsausschuß einen Entwurf, der am 20. Dezember 1848 verabschiedet wird. GT

Die Hampelmänner

Michels Märzerrungenschaften

Spielzeug von rechts und links

für Alt und Jung

1848

Historisches Museum Frankfurt a. M.

Michels Märzerrungenschaften

Spielzeug von rechts und links

für Alt und Jung

Dr. Jucho

1848

Historisches Museum Frankfurt a. M.

Michels Märzerrungenschaften
Spielzeug von rechts und links
für Alt und Jung
von Duckwitz und Mittermayer
1848
Historisches Museum Frankfurt a. M.

Die Schwierigkeiten der Frankfurter Nationalversammlung werden in zahlreichen politischen Karikaturen aufgegriffen. Einzelne Abgeordnete aller politischen Richtungen können als »Hampelmänner des deutschen Michel« aus Bastelbögen ausgeschnitten und zusammengebaut werden. FL

Der pfälzisch-badische Aufstand 1849

»Der Kampf der 17 tapferen Turner und Freischarmänner bei Kirchheimbolanden am 14. Juni 1849«
um 1849, Lithographie von A. Gadola
Historisches Museum der Pfalz Speyer

Der preußischen Übermacht weichend, ziehen sich die Freischaren nach Süden zurück. In Kirchheimbolanden kommt es zu einem Rückzugsgefecht, bei dem 17 rheinhessische Freischarkämpfer umkommen.

Der bayerische König lehnt im April 1849 die Annahme der Reichsverfassung ab. Demokratisch gesinnte Kräfte berufen Anfang Mai eine Volksversammlung nach Kaiserslautern ein. Die Versammlung klagt den König des Verfassungsbruchs an. Es wird eine provisorische Regierung gebildet. Diese ruft die allgemeine Volksbewaffnung aus. Der Rückhalt für Militäraktionen ist in der Bevölkerung jedoch gering. Seit dem 10. Juni überschreiten preußische Truppen im Norden und Westen des Landes die Grenze zur bayerischen Pfalz, um die Volkserhebung niederzuschlagen. Der preußischen Übermacht weichend, ziehen sich die unzureichend bewaffneten Freischaren nach Süden zurück. Am 18. Juni überschreiten sie den Rhein nach Baden, um den dortigen Aufstand zu stützen. Pfälzische Freischaren kämpfen bis Juli 1849 auf badischem Boden. Dann ist auch dort die deutsche Revolution endgültig gescheitert. Die Anhänger der Volkserhebung werden von Militär und Justiz unnachgiebig verfolgt. Viele gehen in die Emigration. LT

Die provisorische Regierung der Pfalz ruft die allgemeine Volksbewaffnung aus. Aufbauend auf die bereits seit dem Frühjahr bestehenden Bürgerwehren, wird aus den waffenfähigen Männern im Alter von 18–30 Jahren die Pfälzer Volkswehr gebildet. Teile der regulären bayerischen Truppen wechseln die Seite und leisten den Eid auf die Reichsverfassung. LT

Bürgerwehr, um 1848/49

Lithographie

Bildarchiv Preußischer Kulturbesitz Berlin

Fahne der Bürgerwehr von Bischheim

1848

Landtag Mainz

Die Bürgerwehr und Freischärlergruppen um Kirchheimbolanden begegnen als erste der Übermacht der preußischen Truppen. Die schwarz-rot-goldene Fahne stammt aus Bischheim bei Kirchheimbolanden. WL

Die Vision

Mathilde Franziska Anneke (1817–1884)
um 1840
Bildarchiv Preußischer Kulturbesitz

Mathilde Franziska Anneke wird von ihren Zeitgenossen als »Amazone der Revolution« bezeichnet. Im pfälzisch-badischen Aufstand 1849 kämpft sie an der Seite ihres Mannes. Da sie eine sehr gute Reiterin ist, teilt man sie als Beobachterin ein. Nach dem Scheitern des pfälzisch-badischen Aufstandes gelingt dem Ehepaar die Flucht in die Vereinigten Staaten von Amerika. KB

»Längs dem Gebirge der Haardt ging unser Weg weiter; das Schloss Hampach schaute hoch oben von seinem kühnen Felsensitz ernst und düster in die herrliche Ebene. Ehrwürdiges Haus! Wolken haben sich um deine Stirn gelegt und du blickst wie ein alterschwacher Greis unter dunklen Braunen herab auf den Streit, den die Söhne des deutschen Vaterlandes nunmehr in der Wirklichkeit von deinem Angesicht beginnen, so wie sie einst das Turnei – nicht als Turnei – von Worten und Gedanken von dir ausgeführt haben. Ich weiss nicht, was es war, das mir während dieser Betrachtung wie ein Echo immer und immer in die Ohren sauste:

Deutschland traue deinen Sehern,
uns're Tage werden ehern
Uns're Zukunft klirrt in Erz.
Schwarzer Tod ist unser Sold nur,
Unser Gold ein Abendgold nur,
Unser Roth ein blutend Herz«

Mathilde Franziska Anneke in »Mutterland, Memoiren einer Frau aus dem badisch-pfälzischen Feldzug 1848/49«.

Die Geschichte des Hambacher Schlosses

Die Burg entsteht

um 350	Spätrömische Höhensiedlung auf dem Hambacher Schloßberg
um 1000	Ausbau der Kästenburg unter salischer Herrschaft
um 1100	Übergabe der Burg an den Fürstbischof von Speyer
um 1200	Ausbau und Erweiterung in staufischer Zeit

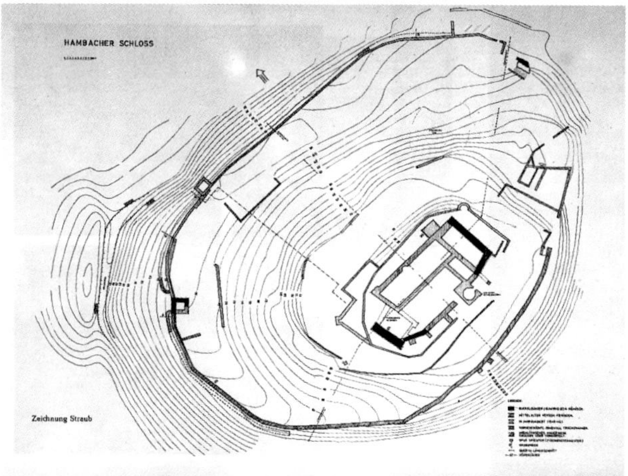

Grundrißplan des Hambacher Schlosses

Historisches Museum der Pfalz Speyer

Die Zerstörung

1525	Einnahme und Plünderung der Kästenburg durch aufständische Bauern im Bauernkrieg
1552	Zerstörung der Burg durch die Raubzüge des Markgrafen Albrecht Alkibiades von Brandenburg-Kulmbach
1688/89	Zerstörung der Burg durch französische Truppen im Pfälzischen Erbfolgekrieg
1797	Das Hambacher Schloß geht als ehemaliges Kirchengut in französischen Staatsbesitz über

Theodor Verhas (1811–1872)
Die Ruine des Hambacher Schlosses
um 1832, Stahlstich
Historisches Museum der Pfalz Speyer

Das Hambacher Fest

1816	Die Pfalz wird bayerisch, das Hambacher Schloß geht in bayerischen Staatsbesitz über
1823	Sechzehn Neustadter Bürger erwerben das Hambacher Schloß vom bayerischen Staat
1832	Hambacher Fest am 27. Mai 1832, nahezu 30 000 Menschen fordern auf diesem Fest Freiheit und nationale Einheit

Zug auf das Hambacher Schloß am 27. Mai 1832

1832, Federlithographie

Historisches Museum der Pfalz Speyer

Die Folgen

1833	Blutige Zusammenstöße am ersten Jahrestag des Hambacher Festes am 27. Mai auf dem Hambacher Schloßberg, in Hambach und in Neustadt an der Weinstraße
1842	Das Hambacher Schloß geht als Geschenk der Pfälzer an den bayerischen Kronprinzen Maximilian und wird zu Ehren des Kronprinzen in »Maxburg« umgetauft
1844–46	Das Hambacher Schloß soll zu einem »pfälzischen Neuschwanstein« umgebaut werden, der Plan wird nicht realisiert

Die Maxburg
um 1845
Stahlstich
Historisches Museum der Pfalz Speyer

1932 Hundertjahrfeier des Hambacher Festes, Veranstalter sind die Arbeitsgemeinschaft der pfälzischen Presse und der Verkehrsverein Neustadt

1952 Jubiläumsfeier des Hambacher Festes durch die Gemeindeverwaltung und den Verkehrsverein in Hambach;
der Landkreis Neustadt a. d. Weinstraße (heute Landkreis Bad Dürkheim) kauft das Schloß aus dem Wittelsbacher Ausgleichsfonds

1957 Jubiläumsfeier zum 125. Jahrestag des Hambacher Festes durch die Landesregierung von Rheinland-Pfalz

Das Hambacher Schloß

Das Hambacher Schloß heute

1982 Die Schloßruine wird vom Eigentümer, dem Landkreis Bad Dürkheim, mit maßgeblicher Unterstützung des Landes Rheinland-Pfalz und der Bundesrepublik Deutschland umfassend restauriert, 150 Jahre Hambacher Fest

1998 Die neue Ausstellung »Ein Fest für die Freiheit« im Hambacher Schloß wird anläßlich des Revolutionsjubiläums 1848/49 eröffnet

Das Hambacher Schloß

Chronologie der Ereignisse

1783	Unabhängigkeit der USA
1785	Erste deutsche Dampfmaschine
1788	Immanuel Kant: »Kritik der praktischen Vernunft«
1789	Französische Revolution: Sturm auf die Bastille
1791	Todesjahr von Wolfgang Amadeus Mozart
1792	Französische Revolutionstruppen dringen bis zum Rhein vor
	Kanonade von Valmy
	Goethe: »Von hier und heute geht eine neue Epoche der Weltgeschichte aus«
1793	März Mainzer Republik
1795	Erste Pferdeeisenbahn in England
1796	Alois Senefelder erfindet die Lithographie
1797	Friede von Campo Formio: linkes Rheinufer bleibt bei Frankreich
1798	23. 1. Neuordnung der Verwaltung in den neuen Departements
1803	Reichsdeputationshauptschluß
1804	Ludwig van Beethoven: »Eroica«
	Napoleon I. französischer Kaiser
	Code Civil wird veröffentlicht
1806	Gründung des Rheinbundes
	Ende des Heiligen Römischen Reiches Deutscher Nation
1811	Friedrich Ludwig Jahn (1778–1852) errichtet ersten Turnplatz in Berlin
	Gründung der Krupp-Werke in Essen
1812	Friedrich Koenig (1774–1833): Zylinder- Flachdruck-Schnelldruckpresse
1813	Deutscher Befreiungskrieg gegen Napoleon
1814	Wiener Kongreß: Neuordnung Europas
1816	30. 4. Bayern ergreift Besitz von der Pfalz
	Deutscher Bundestag in Frankfurt/M.

1817	Wartburgfest der deutschen Burschenschaften
1818	1. 4. Neuordnung der Staatsverwaltung in der Pfalz
1819	22. 7. Bayerisches Zollgesetz, die Pfalz wird als Ausland behandelt
	Dampfschiff überquert in 26 Tagen den Atlantik
	Zwölfstündiger Arbeitstag in England
	Todesjahr von Aug. von Kotzebue, deutscher Dichter, wird von K. L. Sand ermordet
	»Karlsbader Beschlüsse« gegen politische und geistige Freiheit in Deutschland
1823	30. 1. 16 Neustadter Bürger erwerben das Hambacher Schloß
1825	1. deutsche Technische Hochschule in Karlsruhe
	Ludwig I. wird König von Bayern
1826	Erste Photographie von J. N. Niepce (1765–1833)
1827	Verlag für Reisehandbücher Karl Baedeker
1828	18. 1. Zollverein zwischen Bayern und Württemberg, die Pfalz bleibt ausgeschlossen
	Süddeutscher Zollverein zwischen Bayern und Württemberg
1830	Nov. Siebenpfeiffers Zeitschrift »Rheinbayern« erscheint
	Juli-Revolution in Paris. Louis Philippe wird »Bürgerkönig«
	Amtliche Wetteraufzeichnungen in Berlin
	Faraday: Induktionsgesetz
	Wirths »Deutsche Tribüne« erscheint erstmals in München
1831/32	Mißernten führen zu Anstieg der Getreide-, Brot- und Fleischpreise
	Einsetzen der Massenauswanderungen aus der Pfalz
1831	Jan. Hochdörfer gibt den »Rheinbayerischen Volksfreund« heraus
	2. 3. Siebenpfeiffers »Boten aus dem Westen« erscheint

1832	1. 1. Wirths »Deutsche Tribüner« erscheint in Homburg und Zweibrücken
	4. 1. Versiegelung der Wirthschen Handpresse in Homburg
	19. 1. Die ersten Emigranten aus Polen erreichen die Pfalz
	29. 1. Erstes Fest zu Ehren des Abgeordneten Schüler
	Feb. Pfarrer Hochdörfer wird suspendiert
	3. 2. Aufruf zur Gründung des Preßvereins
	17. 3. »Der Westbote« muß sein Erscheinen einstellen
	8. 3. Stillegung der Schnellpresse von Wirth
	21. 3. Die »Deutsche Tribüne« stellt ihr Erscheinen ein
	20. 4. Einladung zum Hambacher Fest
	6. 5. Zweites Fest zu Ehren Schülers
	8. 5. Verbot des Hambacher Festes
	17. 5. Aufhebung des Festverbotes
	27. 5. »Hambacher Fest«
	28. 5. Nachversammlung im Schießhaus
	15. 6. Verhaftung Wirths in Homburg
	17. 6. Verhaftung Siebenpfeiffers in Haardt
	22.–24. 6. Bayerische Zusatztruppen erreichen die Pfalz
	Todesjahr von Johann Wolfgang von Goethe (*1749)
	Die »Sechs Artikel« des deutschen Bundestages gegen die Vereins-, Versammlungs- und Pressefreiheit
1833	16. 8. Landauer Assisen enden mit Freispruch. Wirth und Siebenpfeiffer bleiben in Haft
	14./15. 11. Flucht Siebenpfeiffers
	Englisches Gesetz begrenzt Arbeitszeit für Jugendliche und Kinder
	Studenten stürmen die Hauptwache in Frankfurt /M.
1834	Deutscher Zollverein
	Der deutsche Zollverein tritt in Kraft
1835	Verbot der liberalen Bücher des »Jungen Deutschland«
	Erste deutsche Eisenbahn zwischen Nürnberg und Fürth

1837	Todesjahr von Ludwig Börne und Georg Büchner
	Schreibtelegraph von Samuel Morse (1791–1872)
	Protest der »Göttinger Sieben«
1838	Erste deutsche Lokomotive von Johann Andreas Schubert
	Das »Schwarze Buch« wird vorgelegt
1839	Spitzweg: Gemälde »Der arme Poet«
	William Henry Fox Talbot (1800–1877): Lichtbilder auf Papier
	Kinderarbeit in Preußen eingeschränkt
1840	Hinterlader-Zündnadelgewehr in der preußischen Armee
1841	August Borsig (1804–1854) liefert erste Lokomotive
1842	Das »Hambacher Schloß« wird zum Hochzeitsgeschenk der Pfälzer an den Kronprinzen Maximilian
1844	Aufstand der Weber in Schlesien
1845	Siebenpfeiffer stirbt am 14. 5. 1845 in Bümplitz bei Bern
1847	Gründung der Elektrofirma Siemens & Halske
	Wirth kehrt aus dem Schweizer Exil zurück
1848	6. 4. Der pfälzische Volks- und Vaterlandsverein wird gegründet
	Ludwig I. dankt ab, Maximilian II. Joseph wird König von Bayern
	Luise Otto-Peters: Erste deutsche »Frauenzeitung«
	Märzrevolution in Deutschland und Österreich, Sturz Metternichs
	Heidelberger Versammlung der süddeutschen Liberalen
	Heckerzug in Baden vom 13.–20. April 1848
	Eröffnung der deutschen Nationalversammlung in Frankfurt am 18. Mai 1848
	Struve ruft am 21. Juli 1848 in Baden die Republik aus
	Politisch-satirisches Blatt »Kladderadatsch«
	Cholera-Epidemie in Europa
	»Kommunistisches Manifest« von Marx und Engels

1849	14. 5. Badischer Aufstand
	17. 5. Die Provisorische Regierung der Pfalz wird gewählt
	2. 5. Wahl eines provisorischen Landesverteidigungs-ausschusses in der Pfalz
	13. 6. Übertritt der preußischen Truppen auf pfälzisches Gebiet
	14. 6. Gefecht bei Kirchheimbolanden
	Rheinübertritt der pfälzischen Freischaren
	21. 6. Schlacht bei Waghäusel, Verlust von Nordbaden
	13.–18. 6. Räumung der aufständischen Pfalz durch preußische Truppen
	14. 6. Der Belagerungszustand wird über die Pfalz verhängt
	11. 7. Übertritt der Freischaren in die Schweiz
1849	23. 7. Mit dem Fall der Festung Rastatt endet der badisch-pfälzische Aufstand
	Deutsche Nationalversammlung verabschiedet am 28. März die Reichsverfassung
	Friedrich Wilhelm IV. von Preußen lehnt am 3. April 1849 die deutsche Kaiserkrone ab
	Umzug des »Rumpfparlaments« am 30. Mai 1849 nach Stuttgart
	Todesjahr von Frédéric Chopin
1854	9000 Pfälzer wandern nach Amerika aus
1860	Krupp-Werke: Geschützrohre aus Gußstahl
1861	Philipp Reis (1834–1874) erfindet Telephon
1862	Otto von Bismarck wird preußischer Ministerpräsident
1863	Geburtsjahr von William Randolph Hearst, errichtet größten Zeitungskonzern der Welt
	Ferdinand Lasalle gründet den »Allgemeinen deutschen Arbeiterverein«

1864	Gründung der »Ersten Internationale« durch Karl Marx
1865	Ende des Bürgerkrieges in den USA
	Abschaffung der Sklaverei
	»Allgemeiner deutscher Frauenverein« durch Luise Otto-Peters und Auguste Schmidt gegründet
1866	Ende des Deutschen Bundes. Trennung Österreichs von Deutschland
1870	Heinrich Schliemann gräbt Teile des antiken Troja aus
	Deutsch-französischer Krieg
1871	Wilhelm I. Deutscher Kaiser
	Otto von Bismarck 1. Reichskanzler

Personen

Johann Philipp Abresch
(1804 Neustadt–1861 Neustadt)
Kaufmann, Ökonom, Stadtrat in Neustadt. Träger der schwarz-rot-goldenen Fahne mit der Aufschrift »Deutschlands Wiedergeburt« auf dem Hambacher Fest 1832.

Anna Maria Abresch
(1817 Oberingelheim–1897 Neustadt)
Die Ehefrau von Johann Philipp Abresch hat die Hambach-Tradition weitergeführt. Sie war Hüterin der deutschen Flagge, die sie lange Zeit in ihrem Haus verwahrte.

Konrad Adenauer
(1876 Köln–1967 Bad Honnef)
Jurist und Politiker (Zentrum, CDU). 1917 bis 1933 Oberbürgermeister von Köln, 1920-33 zugleich Präsident des preußischen Staatsrates. 1933 durch die Nationalsozialisten aller »Ämter enthoben, 1944 wird er von ihnen für einige Monate inhaftiert. 1945 für kurze Zeit wieder Oberbürgermeister von Köln. Als Präsident des Parlamentarischen Rates 1948-49 maßgeblich an der Ausarbeitung des Grundgesetzes beteiligt. 1949 Wahl zum ersten Bundeskanzler der Bundesrepublik Deutschland. Rücktritt 1963.

Alexander I,
(1777 St. Petersburg–1825 Taganrog)
Seit 1801 war Alexander I Kaiser von Rußland. Im Geist der Aufklärung erzogen, bemühte er sich um die übernahme neuzeitlicher Staats- und Verfassungsgrundsätze mit Hilfe von Universitätsgründungen und durch Verwaltungsreformen. Unter Alexander I erlangte Rußland die Vormacht in Osteuropa.

Ferdinand Freiherr von Andrian-Werburg
(1776–1851)
Regierungspräsident des bayrischen Rheinkreises von Februar bis Juni 1832. Läßt Hambacher Fest verbieten und verhängt Belagerungszustand über Neustadt und Umgebung. Aufgrund scharfer Proteste Aufhebung des Verbotes am 17. Mai, was für die Regierung einer Niederlage gleichkommt. Nach der Ankunft des außerordentlichen Hofkommissärs, Fürst von Wrede, wird Andrian-Werburg versetzt.

Mathilde Franziska Anneke
(1817 Westfalen–1884 Milwaukee)
Redakteurin, Journalistin und Pionierin für Frauenrechte. Publiziert in der Neuen Rheinischen Zeitung, führt selbständig die Neue Kölnische Zeitung und ruft 1848 eine Frauenzeitung ins Leben. Schließt sich mit ihrem Mann Fritz Anneke im Mai 1849 der badisch-pfälzischen Revolutionsarmee an. Flucht nach Straßburg, Schweiz, Emigration nach USA.

Ludwig Blenker
(1812 Worms–1863)
Geht 1832 als Offizier mit Ludwigs I. Sohn Otto nach Griechenland. 1837 Rückkehr. Weinhändler in Worms. Teilnehmer am badisch-pfälzischen Aufstand. 1848 Bürgerwehrkommandant. 1849 Freischarenoberst. Danach Emigration. 1861 Brigadegeneral im amerikanischen Bürgerkrieg.

Robert Blum
(1807 Köln -1848 Birgittenau b. Wien)
Politiker und Publizist. Bedeutender Vorkämpfer liberaler und demokratischer Reformen. 1848 Vizepräsident des Vorparlamentes und Mitglied verschiedener Ausschüsse. Wortführer der Linken in der Frankfurter Nationalversammlung, vertritt das Prinzip der Volkssouveränität und fordert die Einführung der Republik. Teilnahme am Wiener Aufstand 1848, danach standrechtliche Erschießung.

Ida Blum
Tochter von Robert Blum. Fahnenträgerin in der Kompanie »Robert Blum«, die aus Leipzig zur Unterstützung des badischen Aufstandes herbeieilt.

Ludwig Börne
(1786 Frankfurt a. M.–1837 Paris)
Jüdischer Abstammung. Eigentlich Juda Löb Baruch. Journalist und Schriftsteller. Studium der Medizin und Staatswissenschaften. 1817 Übertritt zum Christentum. 1830 nach der Juli-Revolution Umzug nach Paris. Bringt durch seine »Briefe aus Paris« die Gedanken der französischen Julirevolution nach Deutschland. Frühzeitige Kontakte mit der liberalen Bewegung in der Pfalz. Unterstützt aktiv die Arbeit des Preß- und Vaterlandsvereins. Namhafter Teilnehmer am Hambacher Fest 1832.

Karl Heinrich Brüggemann
(1810–1887)
Politiker und Journalist. Spricht 1831 als Burschenschafter auf der Ruine Limburg zum Jahrestag der Julirevolution. Redner auf dem Hambacher Fest. Nach dem Fest Verhaftung. Auslieferung von Baden an Bayern und von Bayern an Preußen. In Berlin zum Tode »mit dem Rad« verurteilt. Später zu 15 Jahren begnadigt. 1840 aus der Festung Posen freigelassen. Seit 1841 in Berlin, 1845-55 Chefredakteur der »Kölnischen Zeitung«.

Georg Büchner
(1813 Goddelau b. Darmstadt–1837 Zürich)
Dichter. Studium der Naturwissenschaften, Medizin und Philosophie. Als entschiedener Gegner der Reaktion 1834 Teilnahme an den politischen Kämpfen in Hessen. Sozialistische Flugschrift »Der hessische Landbote« (»Friede den Hütten, Krieg den Palästen«) 1835 Flucht nach Straßburg, dann Zürich. Dort Dozent für Anatomie. Vorläufer von Naturalismus und Expressionismus. Hauptwerke: »Dantons Tod« 1835, »Woyzeck«, »Leonce und Lena«, »Lenz«.

August Ferdinand Culmann
(1804 Bergzabern–1891 Gut Philippsburg)
Jurist und Unternehmer. Verteidiger der Hambacher Festteilnehmer. 1832 nach dem Hambacher Fest Emigration. 1848 Abgeordneter der Nationalversammlung und 1849

des Rumpfparlamentes. Lehnt Sitz in der provisorischen Regierung der Pfalz ab. Emigration. 1851 in Abwesenheit zum Tode verurteilt. 1871 demokratischer Gegner der Reichsgründung.

Adam Philipp Custine
(1740 Metz–1793 Paris)
Französischer General. Custine eroberte 1792 Speyer, Mainz und Frankfurt. Er wurde in Paris hingerichtet.

Christian Culmann
(1795-1837)
Jurist und Landtagsabgeordneter. 1831 in die Ständeversammlung gewählt.

Friedrich Deidesheimer
(1804 Neustadt–1876 Neustadt)
Mitglied der Bürgergarde und Festordner beim Hambacher Fest. Trat als Redner auf und wurde in den Anklagezustand versetzt.

Jacques Louis David
(1748 Paris–1825 Brüssel)
Begründer der klassizistischen Malerei in Frankreich. Einflüsse von François Boucher und Joseph-Marie Vien. Durch Italienaufenthalt (1775-80) wandelt sich sein Stil vom akademischen Rokoko zu klassizistischer Darstellungsweise. 1784 »Der Schwur der Horatier«. David ist Anhänger Robespierres und 1793 Präsident des Klubs der Jakobiner. 1795 Hofmaler unter Napoleon. Nach dem Sturz Napoleons 1816 Emigration nach Brüssel.

Eugène Delacroix
(1789 Charenton-St.-Maurice–1863 Paris)
Französischer Maler der Romantik. Das erste Hauptwerk, die »Dantebarke« von 1822, kennzeichnet die Überwindung des Klassizismus durch neue Farb- und Formgebung. Intensive Auseinandersetzung mit der Literatur von Dante, Shakespeare, Lord Byron und Sir Walter Scott. 1830 »Die Freiheit führt das Volk auf die Barrikaden.« Delacroix gilt als einer der Vorläufer des Impressionismus.

Franz I.
(1768 Florenz–1835 Wien)
Franz I. war 1804–1835 Kaiser von Österreich. Zu Beginn seiner Herrschaft proklamierte er das alle Erblande umfassende Kaisertum Österreich. 1806 verzichtete er auf die römisch-deutsche Kaiserwürde und erklärte das Reich für erloschen. Nach der Niederlage von 1809 ernannte er Metternich zum Außenminister, der ihn zur Annäherung an Napoleon bewog, die durch die Heirat der Tochter Franz I., Marie-Louise mit Napoleon bekräftigt wurde. Seit 1815 ist Franz I. eng mit dem Begriff des »Metternichschen Systems« verknüpft.

Friedrich Ebert
(1871 Heidelberg–1925 Berlin)
Sattler, dann Redakteur, seit 1912 Mitglied des Reichstags, 1913-19 Parteivorsitzender der SPD. Am 9.11.1918 wird Ebert zum Reichskanzler gewählt, am 11.11. übernimmt er die Leitung des Rats der Volksbeauftragten. Am 11.2.1919 Wahl zum Reichspräsidenten.

Friedrich Wilhelm III.
(1770 Potsdam -1840 Berlin)
Als König von 1797–1840 verwirklichte Friedrich Wilhelm der III. große innere und militärische Reformen. 1813 schloß er sich zögernd dem Kampf gegen Napoleon I. an.

Jakob Bernhard Eisenstuck
(1805 Annaberg/Erzgebirge–1871 Wiesenbad)
Verfasser zahlreicher politischer und wirtschaftspolitischer Publikationen. Mitglied des Vorparlamentes und der Nationalversammlung. Als 2. Vizepräsident der Nationalversammlung geht er mit dieser nach Stuttgart, tritt aber noch vor deren gewaltsamer Auflösung aus . Emigration nach Belgien.

Ernst August König von Hannover
(1771 London–1851 Hannover)
Seit 1837 König von Hannover. Sohn Georgs III. von Großbritannien, der zugleich Kurfürst und seit 1814 (obwohl seit 1810 geisteskrank) König von Hannover war. Mit Regierungsantritt Ernst Augusts endet die Personalunion Hannovers mit Großbritannien. Ernst August hebt Landesverfassung und Stände auf. 1837 Entlassung der »Göttinger Sieben«, die Protest erhoben. Beugt sich 1848 der Revolution und neuer Verfassung .

Heinrich Jakob Fried
(1802 Queichheim–1870 München)
Bedeutender pfälzischer Maler und Dichter der Romantik. Sein bekanntestes Gemälde ist »Die Blaue Grotte von Capri« von 1835.

Johannes Fritz
(1796 Bad Dürkheim–1868 Bad Dürkheim)
Champagnerfabrikant und Weingutbesitzer, Stadtrat und Polizeikommandant in Bad Dürkheim. Legte 1832 das Polizeiamt infolge der Vorgänge dort nieder. Er wurde im Herbst verhaftet, Dürkheimer Bürger leisteten Kaution für ihn und der Stadtrat protestierte am 16.11.1832. Nach dem Verhör wurde er freigelassen. Er dichtete das Winzerlied, das beim Festzug gesungen wurde.

Friedrich Wilhelm IV. , König von Preußen
(1795 Berlin–1861 Potsdam)
König von Preußen 1840-1857/61, Sohn und Nachfolger Friedrich Wilhelms III. Der »Romantiker auf dem Thron«, fördert Vollendung des Kölner Doms. Beugt sich zunächst der Märzrevolution. Läßt Preußische Nationalversammlung durch Militär im November 1848 auflösen und erläßt eine konservative Verfassung mit Drei-Klassen-Wahlrecht. Lehnt 1849 die von der Nationalversammlung angebotene (kleindeutsche) Kaiserkrone ab. Wird nach Schlaganfall geisteskrank, Prinz Wilhelm, der spätere Wilhelm I., wird 1857 sein Stellvertreter.

Peter Fries
(1820 Grünstadt -1851 Montpellier)
Jurist und Mediziner. Beteiligt am Frankfurter Wachensturm 1833. Teilnehmer am badisch-pfälzischen Aufstand. 1849 Mitglied der provisorischen Regierung der Pfalz.

Flucht in die Schweiz. 1851 in Abwesenheit zum Tode verurteilt.

Friedrich Funck
(1804-1857)
Schriftsteller, Privatgelehrter und Publizist. Studium der Theologie in Heidelberg und Jena. Teilnehmer am Hambacher Fest 1832. Erscheint dort in altdeutscher Tracht. Als Sprecher der Frankfurter Festbesucher überreicht er Johann Georg August Wirth das sogenannte Ehrenschwert. 1833 wegen Pressevergehens zu fünfmonatiger Gefängnisstrafe verurteilt. Gehört zu den Inhaftierten, die beim Frankfurter Wachensturm im April 1833 befreit wurden. 1834 erneute Untersuchungshaft. 1837 dreijährige Zuchthausstrafe. Gibt 1848/49 radikaldemokratische Flugblätter heraus.

Heinrich Wilhelm August Freiherr von Gagern (1799 Bayreuth–1880 Darmstadt)
Jurist, Studium in Heidelberg, Göttingen und Jena . Als 16jähriger Teilnahme an den Befreiungskriegen gegen Napoleon. 1848 Mitglied des Vorparlamentes. Am 19. Mai 1848 Wahl zum Präsidenten der Nationalversammlung. Übt in dieser Eigenschaft großen Einfluß auf die Verhandlungen in der Paulskirche aus. Versucht Vermittlung zwischen Anhängern einer kleindeutschen Lösung und Vertretern einer großdeutschen Lösung .

Ferdinand Geib
(1804-1834)
Jurastudium in Heidelberg und Erlangen. Anwalt am Bezirksgericht in Zweibrücken, lernt dort Friedrich Schüler und Joseph Savoye kennen, mit denen er im Januar 1832 den Preß- und Vaterlandsverein gründet. Verfaßt mit Schüler und Savoye ein Rechtsgutachten gegen die Ungesetzlichkeit des Verbots des Hambacher Festes. Teilnahme am Hambacher Fest. Flucht nach Frankreich.

Johann Wolfgang von Goethe
(1749 Frankfurt a. M.–1832 Weimar)
Bedeutendster deutscher Dichter. Goethe war auch begeisterter Kunstsammler und Kunstkritiker, entwickelte eine eigene Farbtheorie und dilettierte auch als Maler und Zeichner.

François Pascal Simon Gérard
(1770 Rom–1837 Paris)
Französischer Maler des Klassizismus. Wie sein Lehrer David widmete er sich fast ausschließlich der Historien- und der Porträtmalerei. Erhielt zahlreiche Aufträge von Napoleon und Ludwig XVIII.

Theodor Ludwig Greiner
Arzt in Thaleischweiler bei Pirmasens. Teilnehmer am badisch-pfälzischen Aufstand. 1848 Abgeordneter im bayerischen Landtag. 1849 Mitglied der provisorischen Regierung der Pfalz. Emigration nach Amerika. 1851 in Abwesenheit zum Tode verurteilt.

Nicolaus Hallauer
Jurist. Redner auf dem Hambacher Fest.

Friedrich Hecker
(1811 Eichtersheim–1881 St. Louis)
Politiker, Demokrat und Republikaner. Mitglied in 2. Badischer Kammer (1842). Zusammenarbeit mit Gustav von Struve. Plädiert zu Beginn der Revolution auf Heidelberger Versammlung für die Republik. Versucht am 12. April 1848 republikanischen Aufstand in Konstanz, der rasch scheitert. Flucht in die Schweiz und Emigration nach USA, kämpft im Amerikanischen Sezessionskrieg als Oberst in der Unionsarmee (1861 -64).

Heinrich Heine
(1797 Düsseldorf–1856 Paris)
Deutscher Dichter. (Eigentlich Harry). Kindheit und Schulzeit in Düsseldorf. Kaufmannslehre, dann Jurastudium in Bonn, Göttingen, Berlin. 1825 tritt Heine vom jüdischen Glauben zum Christentum über und promoviert zum Dr. jur. Emigriert 1831 nach Frankreich. Besonders populär durch sein »Buch der Lieder« und »Deutschland, ein Wintermärchen«. Unheilbares Rückenmarksleiden fesselt ihn seit 1848 ans Krankenlager (»Matratzengruft«). Richtet scharfe Anklagen gegen Metternich und reaktionäre Bestrebungen der deutschen Fürsten.

Philipp Hepp
(1797 Kaiserslautern–1867 Frankfurt a. M.)
Arzt in Neustadt. Einer der Organisatoren des Hambacher Festes. Hält dort die Eröffnungsrede. Danach unter Anklage gestellt und freigesprochen . 1834 erneut verhaftet, bald wieder freigelassen. 1848 Abgeordneter des bayerischen Landtags. Teilnehmer am badisch-pfälzischen Aufstand. 1849 Finanzminister der provisorischen Regierung der Pfalz. Emigration. 1851 in Abwesenheit zum Tode verurteilt.

Georg Herwegh
(1817 Stuttgart–1875 Baden-Baden)
Dichter. Emigriert 1839 in die Schweiz. Bekennt sich 1840 mit »Gedichte eines Lebendigen« zu Freiheit und Vaterland, von der Zensur verboten. Herwegh lebt seit 1843 in Paris, Bekanntschaft mit Heinrich Heine und Karl Marx. Versucht im April 1848 mit einer deutschen Legion in die badische Revolution einzugreifen. Flieht nach Niederlage in die Schweiz, lebt seit 1866 in Baden-Baden.

Emma Herwegh
Ehefrau des Dichters Georg Herwegh. Nimmt mit ihm an der badischen Revolution teil.

Friedrich Ludwig Jahn
(1778 Lanz –1852 Freyburg)
Der »Turnvater«, Schöpfer der deutschen Turnbewegung. Wollte das Turnen volkstümlich gestalten und verband es mit politischen Vorstellungen, unter denen Freiheit und Einheit Deutschlands die wichtigsten waren. 1813 für kurze Zeit beim Lützower Freikorps. 1815 beteiligt an Gründung der Deutschen

Burschenschaften. Verfaßt mit E. Eiselen 1816 »Deutsche Turnkunst«, klassisches Werk der Turnliteratur. 1819 verhaftet, 1825 Freispruch.

Erzherzog Johann von Österreich
(1782 Florenz–1859 Graz)
Sohn des Kaisers Leopold II. Oberbefehlshaber der Österreichischen Truppen in Süddeutschland gegen Napoleon Bonaparte (1800). Unterstützte die Volkserhebung in Tirol 1809, Niederlage in Oberitalien gegen Franzosen. Wird wegen liberaler Anschauungen von der Frankfurter Nationalversammlung zum Reichsverweser gewählt (1848). Rücktritt im Dezember 1849, Rückzug in die Steiermark.

Karl X., König von Frankreich
(1757 Versailles–1836 Görz)
König von Frankreich (1824-30), jüngerer Bruder Ludwigs XVI. und Ludwigs XVIII. Seit der Restauration von 1814/15 das Haupt der äußersten Rechten, der »Ultraroyalisten«. Seine Maßnahmen zur Einschränkung der Pressefreiheit und des Wahlrechts führen zur Julirevolution 1830. Abdankung am 2. August 1830.

Herzog Karl II. von Braunschweig
(1804 Braunschweig–1873 Genf)
Wegen Mißregierung 1830 durch einen Volksaufstand vertrieben (einzige Absetzung eines deutschen Herrschers im 19. Jahrhundert durch Revolution). Lebte meist in Paris. Wegen seines Reichtums »Diamantenherzog« genannt.

Georg Friedrich Kersting
(1785 Güstrow–1847 Meißen)
Bedeutender deutscher Maler der Romantik. Von 1805–1808 Studium in Kopenhagen, danach in Dresden. Neben Porträtbildern, Landschaften und religiösen Darstellungen malt Kersting vor allem stimmungsvolle Interieurs.

Georg Friedrich Kolb
(1808 Speyer–1884 München)
Druckereibesitzer und Redakteur. Teilnehmer am Hambacher Fest. Spricht sich für enge deutsch-französische Zusammenarbeit aus und für staatliche Maßnahmen zur sozialen Förderung der Arbeiter. 1848 Bürgermeister der Stadt Speyer. Mitglied des Vorparlamentes und 50er Ausschusses, Abgeordneter der Paulskirche. 1849 in Zweibrücken inhaftiert, mehrere Prozesse folgen. Von 1853-59 im Exil in Zürich. 1866 Übersiedlung nach München, Mitglied des bayerischen Landtags.

Karl Theodor Körner
(1791 Dresden–1813 Gadebusch)
Schriftsteller. Studium in Freiberg und Leipzig. Geht 1811 nach Wien. Feiert Erfolge mit Lustspielen und Tragödien. Schließt sich 1813 dem Lützowschen Freikorps an. Kriegs- und Freiheitslieder erscheinen 1814 unter dem Titel »Leyer und Schwert«.

August von Kotzebue
(1761 Weimar–1819 Mannheim)
Deutscher Unterhaltungsdramatiker und Publizist. Nimmt in seinem »Literarischen Wochenblatt« (1818-19) die liberalen Ideen und patriotischen Ideale der Burschenschaften aufs Korn, weshalb er als Gegner der deutschen Einheit und Freiheit gilt. Ab 1813 als russischer Staatsrat in Diensten für Zar Alexander I. Deswegen als Spion verdächtigt. Der Jenaer Burschenschafter Carl Ludwig Sand erdolcht ihn 1819 in Mannheim.

Emanuel Gottlieb Leutze
(1816 Schwäbisch Gmünd–1868 Washington)
Deutscher Maler. Schüler von John A. Smith in Philadelphia. 1841/42 in Düsseldorf. Studien in München 1842 und Italien 1842-45. 1859 folgt er einem Ruf aus Washington, wo er mit der Ausmalung der Sitzungsräume im Capitol beauftragt wird. Eines seiner bekanntesten Gemälde ist »Washington's Übergang über den Delaware am 25. Dezember 1777«.

Ambrogio Lorenzetti
(um 1290 Siena–1348 Siena)
Bedeutender Maler der sienesischen Gotik, jüngerer Bruder von Pietro Lorenzetti. Das Frühwerk zeigt Anklänge an Duccio di Buoninsegna, später entwickelt er einen mehr an Giotto orientierten Stil mit breiten, festen Gestalten, Betonung der Linie, Lokalfarben und Räumlichkeit. Hauptwerk sind die Fresken »Die gute und schlechte Regierung« im sienesischen Palazzo Pubblico (1337-1339).

Louis Philippe
(1773 Paris–1850 Clarement b. Windsor)
König der Franzosen 1830-1848, Sohn des Herzogs Louis Philippe. Befürwortet zunächst die Revolution 1789, geht 1793 zu Österreich über. Beteiligt sich führend an liberaler Opposition zur Krone, zumal unter Karl X. Wird nach der Julirevolution 1830 zum »König der Franzosen« (Bürgerkönig) gewählt. Zunächst liberaler, später konservativer Kurs. Sturz durch Februarrevolution 1848, Exil in England.

Ludwig I., König von Bayern
(1786 Straßburg–1868 Nizza)
Sohn König Maximilians I. Joseph, König (1825-1848). Setzt sich zunächst für die Durchführung der liberalen Verfassung von 1818 ein und begeistert sich für den griechischen Freiheitskampf (sein 2. Sohn Otto wird 1832 König von Griechenland). Macht München zur Kunststadt, entfaltet reiche Bautätigkeit. Nach 1830 zunehmend reaktionäre Politik. Wachsende Opposition, verstärkt durch seine Beziehung zu Lola Montez, zwingt ihn in Zusammenhang mit der Märzrevolution am 20.3.1848 zum Rücktritt zugunsten seines Sohns Maximilian (II.) Joseph.

Ludwig XVI.
(1754 Versailles–1793 Paris)
1774–1792 König von Frankreich. Seit 1770 mit Marie Antoinette verheiratet. Der Widerstand der privilegierten Stände gegen die

Reformversuche seiner Regierung zwang ihn zur Berufung der Generalstände 1789. Nach dem Sturm auf die Bastille wurde Ludwig XVI. mit seiner Familie in den Temple gebracht, am 21.9.1792 abgesetzt und durch den Nationalkonvent zum Tode verurteilt und guillotiniert.

Martin Luther
(1483 Eisleben–1546 Eisleben)
Reformator. Absolviert Lateinschulen in Mansfeld und Eisenach. 1501 Beginn des Rechtsstudiums in Erfurt. 1505 Magister. 1507 Priesterweihe (Augustiner-Eremiten) 1512 Doktorwürde, Professor für biblische Theologie an der Universität Wittenberg. Luther protestiert am 31.10.1571 mit seinen 95 Thesen gegen den Ablaßhandel der Kirche.

Karl Mathy
(1807-1868)
Publizist. Redaktion des liberalen »Zeitgeist« kostet ihn Beamtenstelle. Teilnehmer am Hambacher Fest. 1835 demagogischer Umtriebe verdächtigt. Flucht in die Schweiz. 1840 Redaktion der »Karlsruher Landtagszeitung«. 1842 Mitglied und liberaler Führer des Landtags Konstanz. 1848 Regierungsmitglied in Baden und Abgeordneter der Paulskirche.

Maximilian I. Joseph, König von Bayern
(1756 Mannheim–1825 Nymphenburg)
Nebenlinie Zweibrücken-Birkenfeld. Herzog von Zweibrücken, Kurfürst (1799-1805), König von Bayern 1806-25), regiert seit 1795 in Pfalz-Zweibrücken, folgt 1799 Carl Theodor als Kurfürst. Tritt an die Seite Kaiser Napoleons I., erhält Königswürde und wird Mitglied des Rheinbunds. Unter ihm wird Bayern erheblich vergrößert. Durch den Wiener Kongreß kommt die Pfalz zum Königreich Bayern. Am 26. 5.1818 gibt Maximilian Bayern eine Verfassung.

Klemens Wenzel Fürst von Metternich
(1773 Koblenz–1859 Wien)
Österreichischer Staatskanzler 1809-1848. Studiert Jura, Staatswissenschaft, Geschichte, Naturwissenschaften, Medizin in Straßburg, Mainz und Wien (1788-94). Präsident des Wiener Kongresses 1814/15. Erreicht lockeren Deutschen Bund mit Österreich als Präsidialmacht. Initiiert Karlsbader Beschlüsse 1819. Wird als Symbolfigur reaktionärer Politik bei Ausbruch der Revolution in Wien am 13.3.1848 gestürzt. Flieht nach London, kehrt 1851 nach Wien zurück und versucht bis zu seinem Tode, auf die innere und europäische Politik Einfluß zu nehmen.

Ludwik Mieroslawski
(1814 Nemours–1878 Paris)
Führer des für 1846 geplanten gesamtpolnischen Aufstandes, 1846 verhaftet, 1847 in Berlin zum Tode verurteilt, 1848 befreit. Im April/Mai 1848 Führer des polnischen Aufstands in Posen. Juni 1849 Kommandeur der Revolutionäre in Baden.

Lola Montez
(1818 Limerick/Irland–1861 New York)
Eigentlich Marie Dolores Gilbert, Tänzerin. Tochter eines schottischen Offiziers und einer Kreolin. Kommt 1861 nach München und wird die Geliebte König Ludwigs I. 1847 Ernennung zur Gräfin von Landsfeld. Ihr Verhältnis zu König Ludwig führt zu Unruhen und trägt zur Abdankung des Königs in der Märzrevolution 1848 bei.

Napoleon Bonaparte/ Kaiser Napoleon I.
(1769 Ajaccio/Korsika–1821 Longwood/ St. Helena)
Kaiser der Franzosen 1804-1814/15. Korsischer Abstammung, ursprünglich Napoleone Buonaparte. 1794 General. 1796 siegreicher französischer Oberbefehlshaber der Italienarmee. Heirat mit Josephine Beauharnais 1796. 1798/99 Zug nach Ägypten. 1799 Erster Konsul, 1802 Konsul auf Lebenszeit, 1804 Kaiser. Heirat mit Marie-Louise, Tochter von Kaiser Franz I. von Österreich zur dynastischen Legitimierung des napoleonischen Kaisertums. 1815 Verbannung nach St. Helena. Tod 1821. Beisetzung im Pantheon 1840.

Perikles
(500–429 v. Chr.)
Athenischer Politiker aus altem Adelsgeschlecht, radikal demokratisch. Seit 443 als »Demagog« eigentlicher Staatsleiter Athens und großzügiger Förderer der Künste und Wissenschaften. Das »Perikleische Zeitalter« war eine der geistig und künstlerisch reifsten Epochen der Menschheitsgeschichte.

Daniel Ludwig Pistor
(1807 Bergzabern–1886 Bergzabern)
Jurist, Redakteur und Schriftsteller. Mitglied der Burschenschaft »Germania«. Gibt 1832 den »Bürgerkatechismus für Deutschland« heraus sowie das Journal »Akademische Zeitschrift«. Teilnehmer und Redner auf Hambacher Fest. Mitglied des Preßvereins. Flüchtet vor drohender Verhaftung nach Frankreich.

Paulus
(um 10 n. Chr.–64 Rom)
Mit jüdischem Namen Saulus. Paulus verfolgte zunächst die christliche Kirche, wurde dann aber bald nach 30 vor Damaskus zum Jünger Jesu bekehrt. Durch seine Leistungen als Missionar und Verfasser der Paulus-Briefe bedeutendste Gestalt des Urchristentums.

Johann Ernst Arminius Rauschenplat
(1807-1868)
Eine der führenden Persönlichkeiten am Göttinger Aufstand. Der als Hauptschuldiger Gesuchte entkommt nur knapp der Verhaftung. Flucht nach Straßburg. Nach Amnestie 1848 Rückkehr nach Deutschland. Hilft auf der Seite der ehemaligen Gegner, die badischen Aufständischen zu bekämpfen.

Josef Martin Reichard
(1803 Untergrehweiler–1872 Philadelphia)
Notar in Speyer. 1848 Abgeordneter der Nationalversammlung. Teilnehmer am badisch-pfälzischen Aufstand. 1849 Mitglied der provisorischen Regierung der Pfalz. Emigration nach Amerika. 1851 in Abwesenheit zum Tode verurteilt. Begründer einer Gesellschaft zur Unterstützung von Einwanderern.

Hubert Robert
(1733 Paris–1808 Paris)
Französischer Maler, Entwurfszeichner und Gartenarchitekt. Bekannt für seine Ruinenlandschaften und Capricci. Mehrere Italienreisen. 1766 Aufnahme in die königliche Akademie.

Johannes Ruland
(1744–1830)
Speyerer Künstler, Mitglied des Speyerer Jakobinerclubs.

Carl Ludwig Sand
(1795 Wunsiedel–1820 Mannheim)
Theologiestudent in Jena, radikaler Burschenschafter. Erdolcht 1819 in Mannheim den russischen Staatsrat August von Kotzebue als Vertreter der Reaktion. Wird 1820 in Mannheim hingerichtet.

Joseph Savoye
(1802 geboren)
Jurastudium in Heidelberg und Würzburg, Anwalt am Appellationsgericht in Zweibrücken. »Äußert politisches Engagement in verschiedenen Publikationen zur Zollproblematik und Pressefreiheit. Gründet im Januar 1832 gemeinsam mit Schüler, Geib u.a. den Preß- und Vaterlandsverein. Verfaßt mit Schüler und Geib ein Rechtsgutachten gegen die Ungesetzlichkeit des Verbots des Hambacher Festes. Teilnehmer am Hambacher Fest. Flucht nach Frankreich. 1851 über Belgien nach England.

Nikolaus Schmitt
(1806 Kaiserslautern–1860 Philadelphia)
Stadtrat und Zeitungsredakteur. Herausgeber des »Boten für Stadt und Land« in Kaiserslautern. 1848 Abgeordneter der Nationalversammlung. Teilnehmer am badisch-pfälzischen Aufstand. 1849 Innenminister der provisorischen Regierung. Flucht in die Schweiz. 1850 Emigration nach Amerika. 1851 in Abwesenheit zum Tode verurteilt.

Hans (1918-1943) und Sophie Scholl
(1921-1943)
Die Geschwister Scholl schließen sich der an der Münchner Universität um Carl Muth, Theodor Haecker und Kurt Huber gebildeten Widerstandsgruppe »Weiße Rose« an. Bei der Verteilung von Flugblättern am 18.2.1943 werden sie verhaftet und vier Tage danach hingerichtet.

Friedrich Schüler
(1791 Bergzabern–1873 Metz)
Jurist. 1832 bereits Abgeordneter im bayerischen Landtag. Im gleichen Jahr Gründung des Preß- und Vaterlandsvereins gemeinsam mit Johann Georg August Wirth u.a. Teilnehmer am Hambacher Fest. Wird kurz danach verhaftet und zu zehn Jahren Verbannung verurteilt. 1848 Rückkehr aus der Emigration, Wahl zum Abgeordneten der Nationalversammlung. Gehört der äußersten Linken an. Vom Stuttgarter Rumpfparlament zu einem der fünf Reichsregenten berufen. In Abwesenheit zum Tode verurteilt, entzieht sich durch Flucht. Stirbt 1873 in erneuter Emigration.

Felix Fürst zu Schwarzenberg
(1800 Krumau–1852 Wien)
Österreichischer Staatsmann. Bekämpft 1848 unter Radetzky in Oberitalien die italienische Nationalbewegung. Plädiert für die Alternative Mitteleuropa als 70-Millionen-Reich unter Österreichischer Führung. Ihm gelingt kurzfristig die Behauptung der territorialen Integrität Österreichs gegen Revolution und Nationalbewegungen.

Johann Jakob Serr
(1807 Rhodt–1880 Heidelberg)
Pfälzer Künstler. 1825 Aufnahme an der Münchner Akademie. Wegen Tod des Vaters muß Serr die Ausbildung nach zwei Jahren abbrechen. Nach kurzem Aufenthalt in Karlsruhe und Paris zieht Serr nach Straßburg. Seinen Lebensabend verbringt er als gefragter Porträtmaler in Heidelberg.

Philipp Jakob Siebenpfeiffer
(1789 Lahr–1845 Bern)
Jurist und Publizist. Gründet 1830 mit L. Hoffmann die Zeitschrift »Rheinbaiern« in Zweibrücken, ebenda 1831 den »Westboten«. 1832 Verlegung des »Westboten« nach Oggersheim. Mit Johann Georg August Wirth Initiator und Hauptredner des Hambacher Festes. Im Juni 1832 Verhaftung. Flieht 1833 aus der Gefängnishaft über Frankreich in die Schweiz, wo er in Bern eine Professur für Straf- und Staatsrecht erhält. Nach Erkrankung 1845 Tod in einer Irrenanstalt.

Carl Alexander Spatz
(1810 Speyer–1856 Speyer)
Jurist, Mitglied des Vorparlamentes und des 50er Ausschusses. Von 1848 bis 1849 Abgeordneter der Frankfurter Nationalversammlung. Stimmt gegen die Wahl Friedrich Wilhelms IV. zum Kaiser der Deutschen. Von Mai bis Juni 1849 Teilnahme am pfälzischen Aufstand. 1853 Suspendierung vom Amt und Disziplinarstrafe wegen Kontakten zu politischen Flüchtlingen im Elsaß.

Carl Albert Leopold Freiherr von Stengel
(1784-1865)
Regierungspräsident des bayrischen Rheinkreises von Juni 1832 bis 1837. Bei der Bevölkerung geschätzt, wird Stengel von München aus mit Argwohn beobachtet. Auseinandersetzungen mit seinem Stellvertreter, dem Fürsten Carl Theodor von Wrede, der seine Nachfolge antreten sollte, führen 1837 zu seiner Ablösung.

Franz Joseph Wigand Edler von Stichaner
(1769-1856)
Jurist. Königlich-bayrischer Staatsrat, Generalkommissar und Regierungspräsident des bayerischen Rheinkreises. Wurde zur Zeit des Hambacher Festes aus der Pfalz versetzt, da die Münchner Regierung ihn den Pfälzern gegenüber für zu nachgiebig hielt. Speyer verleiht ihm die Ehrenbürgerschaft.

Joseph Karl Stieler
(1781 Mainz–1858 München)
Ausbildung bei Heinrich Füger in Wien und Francois Gérard in Paris. Seit 1812 Hofmaler Ludwigs I. in München.

Georg Jakob Stockinger
(1798-1869)
In Frankenthal geboren, Jurist. 1847 Mitglied des Bayerischen Landtags, 1848 Teilnehmer an der Heidelberger Versammlung. Von 1848 bis 1849 Abgeordneter der Frankfurter Nationalversammlung. Stockinger stimmt gegen die Wahl Friedrich Wilhelms IV. zum Kaiser der Deutschen. Im Mai 1849 Mitunterzeichner eines Aufrufs an die Bewohner der Pfalz zur Verteidigung der deutschen Reichsverfassung.

Gustav von Struve
(1805–1870)
Rechtsanwalt, bekämpft als Publizist das vormärzliche System. Mit Friedrich Hecker ein Führer der badischen Aufstände 1848/49. Emigriert Über die Schweiz 1851 in die USA. Teilnahme am Sezessionskrieg. 1863 Rückkehr nach Amnestierung.

Amalie von Struve
Ehefrau von Gustav von Struve. War an allen revolutionären Unternehmungen ihres Mannes beteiligt

Philipp Veit
(1793 Berlin–1877 Mainz)
Deutscher Maler. Enkel des Moses Mendelssohn und Stiefsohn Friedrich Schlegels. Schüler von Matthäi in Dresden, einige Zeit auch bei Caspar David Friedrich. 1813 Teilnehmer an den Befreiungskriegen gegen Napoleon. Seit 1815 in Rom. Anschluß an die Nazarener. Ab 1830 in Frankfurt a. M. Leiter des Städelschen Instituts. 1853 Galeriedirektor in Mainz. Eines seiner bekanntesten Werke ist die »Germania« von 1848, die in der Frankfurter Paulskirche als Symbol der Einheit Deutschlands hing.

Jakob Venedy
(1805 Köln–1871 Oberweiler)
Schriftsteller und Jurist. Teilnehmer des Hambacher Festes und Mitarbeiter der in Mannheim erscheinenden Zeitung »Der Wächter am Rhein«. Im September 1832 Flucht nach Frankreich, um sich vor der Auslieferung an Preußen zu retten. 1834-36 Mitherausgeber und Redakteur der Monatsschrift »Der Geächtete«, die 1834 vom Bundestag verboten wird. 1848 Rückkehr nach Deutschland. Mitglied des Vorparla-mentes und der Nationalversammlung. Gemäßigter Führer der linken Fraktion in der Paulskirche.

Horace Vernet
(1789 Paris–1863 Paris)
Ausbildung beim Vater, dem Pferdemaler Carle Vernet. 1820 Italienreise. 1826 Lehrer an der École des Beaux-Arts in Paris. 1829-1835 Direktor der Académie de France in Rom. 1835 Rückkehr nach Paris. Vernet wird einer der gefragtesten französischen Schlachtenmaler und Porträtisten.

Wilhelm I., König von Preußen.
(1797-1888)
König von Preußen 1861/Deutscher Kaiser 1871-1888, Bruder und Nachfolger Friedrich Wilhelms IV. Tritt für die Niederschlagung der Märzrevolution 1848 in Berlin ein. (»Kartätschenprinz«). Wirft 1849 badisch-pfälzischen Aufstand nieder. 1858 Stellvertreter für geisteskranken Friedrich Wilhelm IV. Beruft 1862 Bismarck zum Ministerpräsidenten. Im Januar 1871 in Versailles zum Kaiser proklamiert. Stirbt im »Dreikaiserjahr« 1888.

August Willich
(1810–1878)
Ehemaliger preußischer Offizier. Mitglied des Bundes der Kommunisten. 1848 Teilnehmer am Heckerzug . 1849 Oberst eines Freikorps in der Pfälzer Revolution. Emigration nach Amerika. Im amerikanischen Bürgerkrieg Brigadegeneral der Nordstaaten.

Johann Georg August Wirth
(1798 Hof–1848 Frankfurt)
Jurist und Schriftsteller. Wird bekannt durch seine Reden für Freiheit und Einheit des Vaterlandes auf dem Hambacher Fest 1832. Im gleichen Jahr Gründung des Preß- und Vaterlandsvereins gemeinsam mit Friedrich Schüler u.a. Kämpft für eine freie Presse. Ständige Konflikte mit Zensurbehörden. Zweieinhalb Jahre Haft wegen angeblicher Beamtenbeleidigung. Im Juni 1848 in die Frankfurter Nationalversammlung gewählt. Tod im Juli 1848.

Carl Philipp Fürst von Wrede
(1767 Heidelberg–Ellingen 1838)
Bayerischer Feldmarschall und Diplomat. Kämpft in Napoleonischen Kriegen. Schließt 1813 mit Österreichern den Vertrag zu Ried und versucht, Napoleon nach der Völkerschlacht bei Leipzig den Rückzug abzuschneiden. Vertreter Bayerns auf dem Wiener Kongreß. Am 24. Juni 1832 als außerordentlicher Hofkommissär mit 8000 Mann in die Pfalz beordert.

Begriffe

Abgeordneter
Gewähltes Mitglied eines Parlamentes, genießt eine besondere Rechtsstellung.

Absolutismus
Regierungsform, in der der König oder Fürst die uneingeschränkte und ungeteilte Staatsgewalt ohne Mitwirkung ständischer oder parlamentarischer Vertreter inne hat.

Ancien régime
Frz.: »alte Regierungsform«: Bezeichnung für die politisch-gesellschaftliche Verfassung Frankreichs vor der Revolution von 1789.
Der Begriff kann auch allgemein zur Bezeichnung des politisch-gesellschaftlichen Zustands des vorrevolutionären Europas gebraucht werden.

Arbeiterbewegung
Während der industriellen Revolution entstandene Bewegung, die in Parteien oder Gewerkschaften organisiert ist. 1863 gründete Ferdinand Lasalle in Leipzig den »Allge-meinen deutschen Arbeiterverein. Die Arbeiterbewegung trat für die Verbesserung der Arbeits- und Lebensbedingungen der - Industriearbeiter ein.

Bastille
Das Bastille genannte festungsartige Schloß in Paris (erbaut 1368–82) diente seit Richelieu als Staatsgefängnis. Am 14. Juli 1789, dem späteren französischen Nationalfeiertag, wurde die Bastille als Sinnbild der königlichen Tyrannei erstürmt.

Biedermeier
Epoche zwischen Wiener Kongreß 1815 und 1848, dem Jahr der europäischen Revolution. Der später eingeführte Begriff »Biedermeier« leitet sich von dem Pseudonym Adolf Kußmauls (1822–1902) und Ludwig Eichrodt (1827–1892) ab, die diesen Namen für ihre »Fliegenden Blätter« 1855–57 verwendeten. Seit etwa 1900 steht der Begriff Biedermeier für den Rückzug aus der Politik in eine kleine, geordnete Welt.

Bundesversammlung
Organ des Deutschen Bundes (1815–1866). Versammlung der Gesandten der deutschen Fürsten unter dem Vorsitz Österreichs in Frankfurt am Main.

Bürgerrechte
Die Staatsbürgerrechte umfassen alle einem Staatsangehörigen zustehenden Rechte. Dazu gehört vor allem das Wahlrecht.

Burschenschaft
1815 gründeten Professoren und Studenten der Universität Jena die »Deutsche Burschenschaft« (1818

»Allgemeine Deutsche Burschenschaft«). Unter dem Wahlspruch »Ehre, Freiheit, Vaterland« strebten sie einen Einheitsstaat an und standen damit im Gegensatz zur Restauration. Die Burschenschaft kann als erster Ansatz einer radikalen politischen Partei in Deutschland verstanden werden.

Demokratie
Von griechisch »Volksherrschaft«. Die ersten demokratischen Ideen entstanden 594 vor Christus im antiken Griechenland. Die moderne Form der Demokratie entstand aus dem Denken der Aufklärung heraus. Man unterscheidet zwischen der direkten und der mittelbaren Demokratie. In der Demokratie geht alle Staatsgewalt vom Volke aus. Sie versucht den Mißbrauch der Macht durch Gewaltenteilung zu verhindern und gewährleistet die Menschenrechte.

Demonstration
In der Politik die öffentliche Kundgebung von Anschauungen und Meinungen, auch als Protest gegen Entscheidungen der Regierung oder politische Gegner eingesetzt.

Deutscher Bund
Ein auf dem Wiener Kongreß entstandener Zusammenschluß der deutschen Fürsten und freien Städte zu einem losen Staatenbund (1815–1866), dem neben vier Reichsstädten 35 souveräne Fürsten angehörten. Wichtigste Bundeseinrichtung ist die Bundesversammlung (Bundestag) in Frankfurt.

Europäische Einigung
Ein vom Europagedanken, der Vorstellung von Europa als einer kulturellen und politischen Einheit, ausgehender Zusammenschluß europäischer Staaten.

Föderalismus
Von lat. »Foedus« (Bündnis). Zusammenschluß von mehreren Staaten, wobei die einzelnen Gliedstaaten viele Aufgaben behalten, die sie selbständig und eigenverantwortlich erledigen.

Freiheitskriege
In den Kriegen von 1813 bis 1815 befreien sich Deutschland, Italien und Spanien von der napoleonischen Herrschaft.

Freiheitsrechte
Ein großer Teil der Grundrechte werden als Freiheitsrechte bezeichnet, weil sie dem einzelnen einen gegenüber staatlichen Eingriffen geschützten Freiheitsraum garantieren. In der Bundesrepublik Deutschland sind diese Rechte im Grundgesetz verankert.

Gewaltenteilung
Um die Freiheit des einzelnen zu gewährleisten forderten Locke (1632–1704) und Montesquieu (1689–1755) die Teilung der Staatsgewalt. Locke unterscheidet gesetzgebende (Legislative) und vollziehende Gewalt (Exekutive), Montesquieu fügt die richterliche Gewalt als unabhängige dritte hinzu. Die drei Gewalten sollen sich gegenseitig kontrollieren und begrenzen.

Gleichberechtigung
Das in Artikel. 3 Absatz 2 des Grundgesetzes garantierte Grundrecht der rechtlichen Gleichheit von Mann und Frau. Es enthält ein Gebot der Gleich- und ein Verbot der Ungleichbehandlung der Geschlechter.

Heilige Allianz
1815 schlossen die Monarchen Rußlands, Österreichs und Preußens auf Anregung des Zaren Alexander I. die »Heilige Allianz«. Dieses Bündnis diente der gemeinsamen Unterdrückung liberaler und nationaler Bestrebungen in Europa.

Jakobiner
Der Jakobinerklub war ein politischer Klub während der Französischen Revolution, dessen Mitglieder sich zuerst in dem ehemaligen Pariser Kloster St. Jakob trafen. Nach Abspaltung der Girondisten wurde der Name nur noch für die radikalen Republikaner verwandt.

Junges Deutschland
wurde eine Reihe deutscher Schriftsteller genannt, wie Heinrich Heine, die sich zwischen 1830 und 1848 stark auf die Tagespolitik bezogen. Der Bundestag ging 1835 gegen sie vor.

Kleindeutsch
Im Bemühen um die Bildung eines einheitlichen deutschen Staates im 19. Jahrhundert ging es immer wieder um die Frage, ob Österreich Teil dieses Staates werden sollte (groß-deutsche Lösung) oder nicht (klein-deutsche Lösung).

Landrat
1800 wurde in der französischen Pfalz das Institut des Generalrats des Departments eingeführt. Seine Mitglieder stammten aus den besten Kreisen. Dieser Generalrat trat jedes Jahr zu einer Sitzung von 15 Tagen zusammen. Seine Aufgaben waren Verteilung der Steuern auf die Gemeinden und Beantwortung von Gesuchen. Als die Pfalz 1816 zum Königreich Bayern kam, behielt man diese Einrichtung bei und nannte sie Landrat. Der erste Landrat trat am 6.12.1818 in Speyer zusammen. Die 20 Mitglieder hatte der König auf drei Jahre berufen.

Liberalismus
Liberal (lat. freiheitlich). Liberalismus bedeutet die Auffassung von Staat, Gesellschaft und Wirtschaft, in deren Mittelpunkt die ungehinderte Entfaltung des einzelnen und einzelner Gruppen steht. Entstanden aus den Gedanken der Aufklärung, fand er im 19. Jahrhundert viele Anhänger im Bürgertum, dessen politische und wirtschaftliche Interessen die Beseitigung der staatlichen Bevormundung verlangten.

Meinungsfreiheit
Die im Grundgesetz festgelegte Meinungsfreiheit verleiht dem einzelnen das Recht, seine Meinung zu äußern und in beliebiger Art und Weise zu verbreiten.

Monarchie
Staatsform, in der eine legitimierte Person, der Monarch, selbstständiges, dauerndes Staatsoberhaupt ist.

Nation
Eine durch bestimmte gemeinsame Merkmale, wie z. B. Sprache, Kultur, Abstammung, verbundene Gemeinschaft, die sich ihrer historisch-kulturellen Eigentümlichkeit bewußt ist. Man unterscheidet Kulturnation (Volk ohne staatliche Einheit) und politische Nation.

Nationalversammlung
Bezeichnung für eine Abgeordnetenversammlung, die die ganze Nation repräsentiert und verfassungsgebende Funktionen erfüllt.

Nationalstaat
Nach dem Zerbrechen des mittelalterlichen Ordnungsgedankens entstanden in der Neuzeit Nationalstaaten, in denen Volk und Staat eine Einheit bilden (Nation).

Obrigkeitsstaat
Bezeichnung für eine autoritäre Staatsordnung mit starker Stellung der Bürokratie und Festlegung des Bürgers auf die Rolle des Untertans.

Parlament
Von französisch »parlement« (Unterhaltung, Erörterung). Ursprünglich Bezeichnung für beratende Versammlung an Königshöfen. Heute haben Parlamente in der Regel die Aufgabe der Gesetzgebung und der Kontrolle von Regierung und Verwaltung.

Paulskirche
Kirchengebäude in Frankfurt am Main, im klassizistischen Stil 1786–1833 erbaut, das wegen seiner Größe und Form (Rundbau) der Nationalversammlung für ihre Sitzungen zur Verfügung gestellt wurde. Nach dem Gebäude nennt

man auch die erste deutsche Volksvertretung oft »Paulskirche«.

Polizeistaat
Ursprünglich der das gesamte gesellschaftliche Leben reglementierende Staat des Absolutismus. Heute eine auf der Polizei beruhende staatliche Herrschaft ohne rechtliche Sicherungen für den Bürger. Im Gegensatz dazu: Rechtsstaat.

Pressefreiheit
Das Grundgesetz der Bundesrepublik Deutschland garantiert die Freiheit der Presse und der Berichterstattung und verbietet die Zensur.

Rechtsstaat
Ein Staat, der die Rechte des Staatsbürgers gesetzlich gesichert hat. Seit dem 19. Jahrhundert ist die Garantie der Grundrechte und der Gewaltenteilung damit verbunden.

Redefreiheit
Die Freiheit, seine Meinung in Wort, Schrift und Bild frei zu äußern ist eines der wichtigsten demokratischen Grundrechte und jedem durch Art. 5 Abs. 1 GG garantiert.

Reformation
Der Auslöser der Reformation waren die 95 Thesen gegen den Ablaßhandel, die Martin Luther am 31.10.1517 in Wittenberg veröffentlichte. Die Grundlage war die Krise des Papsttums im 14. und 15. Jahrhundert. In der weiteren Entwicklung sprengte die Reformation die Einheit der abendländischen Kirche, ließ neue kirchliche Gemeinschaften und die neue religiöse Haltung des Protestantismus entstehen.

Restauration
Von lat. »restaurare« (wiederherstellen). Politische Bestrebung frühere Verhältnisse wiederherzustellen. Insbesondere die Bemühungen um die Wiederherstellung der vorrevolutionären Verhältnisse nach der Französischen Revolution.

Revolution
Lat. = Umwälzung, ist der gewaltsame Umsturz einer bestehenden politischen und gesellschaftlichen Ordnung, die durch eine neue ersetzt wird.

Selbstbestimmungsrecht der Völker
Das Selbstbestimmungsrecht der Völker gehört im Völkerrecht zu den Grundrechten der Staaten und soll vor allem die schwächeren Staatengebilde gegen Übergriffe stärkerer Staaten schützen. Es ist in Artikel 1 und Artikel 55 der Satzung der UN aufgenommen.

Souveränität
Die innere Souveränität befaßt sich mit der Frage nach dem Träger der Gewalt im Staate. Nach dem Grundgesetz der Bundesrepublik Deutschland geht alle Staatsgewalt vom Volke aus. Die äußere Souveränität bedeutet die Handlungsfähigkeit und Unabhängigkeit in internationalen Beziehungen.

Staatenbund
Eine Staatenverbindung, in der die einzelnen Staaten ihre eigenständige Staatsgewalt behalten und nach außen selbständig handeln. Es gibt aber gemeinsame Gremien, die in bestimmtem Umfang eine gemeinschaftliche Politik für die Mitgliedstaaten verbindlich festlegen.

Verfassung
(Konstitution) heißt das Gesetz, das die politische Grundordnung eines Staates und die Herrschaftsstruktur in ihm festlegt (vgl. Grundgesetz).

Versammlungsfreiheit
Das Grundgesetz gibt allen Deutschen das Recht, sich ohne Anmeldung oder Erlaubnis friedlich und ohne Waffen zu versammeln. Für Versammlungen unter freiem Himmel kann dieses Grundrecht eingeschränkt werden.

Wartburg
Auf der 1067 gegründeten und im 12. Jahrhundert ausgebauten Burg südwestlich von Eisenach übersetzte Martin Luther 1521–22 das Neue Testament. Am 18.10.1817 trafen sich etwa 500 Abgesandte zwölf deutscher Universitäten zum Gedenken des Reformationsjahres 1517 und der Leipziger Völkerschlacht 1813.

Weiße Rose
Die studentische Widerstandsgruppe gegen den Nationalsozialismus an der Universität München griff in Flugblättern die Willkürherrschaft des nationalsozialistischen Staates an. Die führenden Mitglieder der Gruppe, K. Huber, Hans und Sophie Scholl, Christian Probst und Alexander Schmorell wurden vom Volksgerichtshof unter Roland Freisler zum Tode verurteilt.

Zensur
Von einer Zensur der Presse spricht man, wenn Veröffentlichungen staatlich überwacht und unterdrückt werden mit dem Ziel, unerwünschte Äußerungen zu verhindern und die Meinungen der Bürger in einseitiger Weise zu beeinflussen.

Literatur

Helmut Asmus, Das Hambacher Fest, Illustrierte historische Hefte, Bd. 37, Berlin 1985

Kurt Baumann (Hrsg.), Das Hambacher Fest. 27. Mai 1832. Männer und Ideen, Veröffentlichungen der Pfälzischen Gesellschaft zur Förderung der Wissenschaften, Bd. 35, Speyer 1957, 21982

Johannes Bärmann (Hrsg.), Hambacher Gespräche 1962. Geschichtliche Landeskunde, Bd. 1, Wiesbaden 1964

Beiträge zur Erneuerung des Hambacher Schlosses 1968/69, hrsg. vom Landratsamt Neustadt an der Weinstraße, Neustadt an der Weinstraße 1981

Heinrich Best, Wilhelm Weege, Biographisches Handbuch der Abgeordneten der Frankfurter Nationalversammlung 1848/49, Handbücher zur Geschichte des Parlamentarismus und der politischen Parteien, Bd. 8, Düsseldorf 1996

Gerhard Berzel, Hambacher Erinnerungen. Das Fest von 1982 und der Ort Hambach, 2 Bde., Neustadt an der Weinstraße, 1981

Johann Adam Brein, Das Hambacher Fest. Eine Bibliographie, in: Mitteilungen der Pfälzischen Landesbibliothek 3, Heft 1, Sonderabdruck aus: Pfälzisches Museum/ Pfälzische Heimatkunde, 1932, S. 1-40

Johannes Bühler, Das Hambacher Fest. Deutsche Sehnsucht vor hundert Jahren, Ludwigshafen am Rhein 1932

Der Rhein-Neckar-Raum und die Revolution von 1848/49. Revolutionäre und ihre Gegenspieler, hrsg. vom Arbeitskreis der Archive im Rhein-Neckar-Dreieck, mit Beiträgen von Hans Fenske und Erich Schneider, Ubstadt-Weiher 1998

Rainer Koch (Hrsg.), Die Frankfurter Nationalversammlung 1848/49. Ein Handlexikon der Abgeordneten der deutschen verfassungsgebenden Reichs-Versammlung, Frankfurt 1989

Wolfgang Diehl, Die Lieder im Umkreis des Hambacher Festes von 1832, Pfälzische Landeskunde, Beiträge zur Geographie, Biologie, Volkskunde und Geschichte, hrsg. von Michael Geiger u.a., Bd. 3, Landau 1981, S. 197-208

Ein Deutschland gilt es zu bauen, 150 Jahre Hambacher Fest 1832 - 1982, hrsg. von Saarländischer Rundfunk, Saarbrücker Zeitung, Saarbrücken 1982

Hans Fenske, Hambach und Speyer. Zwei Möglichkeiten politischen Verhaltens im pfälzischen Vormärz, Schriftenreihe der Stadt Speyer, Bd. 1, Speyer 1983, S. 35-57

Hans Fenske, 150 Jahre Hambacher Fest. Ein Blick auf den Büchermarkt, Zeitschrift für die Geschichte des Oberrheins, Bd. 130, Stuttgart 1982, S. 347-355

Hans Fenske (Hrsg.), Quellen zur deutschen Revolution 1848/49. Ausgewählte Quellen zur deutschen Geschichte der Neuzeit, Freiherr von Stein-Gedächtnisausgabe, Bd. XXIV, Darmstadt 1996

Merve Finke, Siebenpfeiffers Verwaltungshandbuch (1831-1833), Südwestdeutsche Schriften, Heft 22, Mannheim 1997

Cornelia Foerster, Der Preß- und Vaterlandsverein von 1832/33. Sozialstruktur und Organisationsformen der bürgerlichen Bewegung in der Zeit des Hambacher Festes, Trierer Historische Forschungen, Bd. 3, Trier 1982

Hubert Freilinger, Die Hambacher. Beteiligte und Sympathisanten der Beinahe-Revolution von 1832, Zeitschrift für bayerische Landesgeschichte, Bd. 41, München 1978, S. 701-735

Theophil Gallo, Die Verhandlungen des außerordentlichen Assisengerichts zu Landau in der Pfalz im Jahre 1833. Verlauf, Grundlagen und Hintergründe, Schriften der Siebenpfeiffer-Stiftung, Bd. 3, Sigmaringen 1996

Meinrad M. Grewenig (Hrsg.), Das Hambacher Fest. Ein Fest für die Freiheit, Verlag Gerd Hatje, Ostfildern 1998

Helmut G. Haasis, Volksfest, sozialer Protest und Verschwörung. 150 Jahre Hambacher Fest, Heidelberg 1981

Wolf Henning Habermehl (Hrsg.), Pflanzet die Freiheit. Revolution und Vormärz in der Pfalz, Landau/Pfalz 1982

Hambach 1832, Anstöße und Folgen, Geschichtliche Landeskunde, Bd. 24, Wiesbaden 1984

Das Hambacher Fest, hrsg. von der Landeszentrale für politische Bildung Rheinland-Pfalz, Mainz 1981

Hambacher Fest 1832/1982, Freiheit und Einheit. Deutschland und Europa. Eine Ausstellung des Landes Rheinland-Pfalz zum 150jährigen Jubiläum des Hambacher Festes, Hambacher Schloß, Neustadt an der Weinstraße 1982

Hambacher Fest, Mitteilungen des Historischen Vereins der Pfalz, Bd. 80, Speyer 1982

Das Hambacher Fest 1832, Hambacher Vorträge 1832, hrsg. vom Historischen Verein, Bezirksgruppe Neustadt, Neustadt an der Weinstraße 1983

Karl Heinz, Das Hambacher Schloß. Geschichte, Bauperioden, Hambacher Feste, Neustadt an der Weinstraße 1982

Wilhelm Herzberg, Das Hambacher Fest. Geschichte der revolutionären Bestrebungen in Rheinbayern aus dem Jahre 1832, Ludwigshafen 1905, Nachdruck Leipzig 1975, Vaduz/Liechtenstein 1982

Jahrbuch der Hambach-Gesellschaft für historische Forschung und politische Bildung, Neustadt an der Weinstraße 1988

Jahrbuch zur Geschichte von Stadt und Landkreis Kaiserslautern, Restauration und Vormärz im Kaiserslauterer Raum 1814 bis 1840, Bd. 18/19 (1980/81), Otterbach 1982
Clemens Jöckle, Joachim Kermann, Das Hambacher Schloß, München 1982, 2. erg. Aufl. 1983

Fritz Kallenberg, Das Hambacher Fest 1832. Zum 150. Jahrestag am 27. Mai 1982, Mitteilungen der Gesellschaft der Freunde der Universität Mannheim, Jg. 31, Mannheim 1982, Nr. 2, S. 30- 40

Anton Maria Keim, Helmut Mathy, Hambach 1832-1982. Ereignis-Grundwerte-Perspektiven. Ein politisches Lese- und Bilderbuch zur Geschichte von Freiheit und Demokratie, Mainz 1982

Joachim Kermann, Das Hambacher Fest. Texte zur Landesgeschichte, Heft 9, Landesarchiv Speyer 1981

Joachim Kermann, Die deutsch-politischen Beziehungen zur Zeit des Hambacher Festes, Texte zur Landesgeschichte, Heft 9, Landesarchiv Speyer 1981

Joachim Kermann, und läßt die Freiheitsliedlein ins Land hinaus fliegen. Harro Harring und sein Auftritt auf dem Hambacher Fest, Mitteilungen der Harro-Harring-Gesellschaft, Heft 6/7, 1987/88

Joachim Kermann, Rose Kermann, Karten zum Hambacher Fest 1832, Pfalzatlas, hrsg. im Auftrag der pfälzischen Gesellschaft zur Förderung der Wissenschaften, Karte 130-132, Speyer 1987

Werner Klein (Hrsg.), Ein Frühling der Freiheit erblühte. Freiheitliche und demokratische Tradition in Deutschland von der Mainzer Republik zum Hambacher Fest, Neustadt an der Weinstraße 1982

Michail Krausnick, Johann Georg August Wirth, Vorkämpfer für Einheit, Recht und Freiheit. Eine Biographie, Weinheim und Berlin 1997

Michael Müller, Die preußische Rheinprovinz unter dem Einfluß von Julirevolution und Hambacher Fest 1830-1834, Jahrbuch für westdeutsche Landesgeschichte, Bd. 6, Koblenz 1980, S. 271-290

Franz Xaver Remling, Die Maxburg bei Hambach, Mannheim 1844 Nachdruck Neustadt an der Weinstraße 1981

Willi Rothley, Manfred Geis (Hrsg.), Schon pflanzen sie frech die Freiheitsbäume. 150 Jahre Hambacher Fest, Neustadt an der Weinstraße 1982

Adam Sahrmann, Beiträge zur Geschichte des Hambacher Festes 1832, Landau 1930, Nachdruck Vaduz/Liechtenstein 1978

Wolfgang Schieder, Der rheinpfälzische Liberalismus von 1832 als politische Protestbewegung. Vom Staat des Ancien Régime zum modernen Parteienstaat, Festschrift für Theodor Schieder zu seinem 70. Geburtstag, München/Wien 1978, S. 169-195

Wolfgang Schieder, Das Hambacher Fest von 1832 als liberaler Protest, Aus Politik und Zeitgeschichte, Bd. 20/82, 22. Mai 1982, S. 3-12

Wolfgang Schieder (Hrsg.), Liberalismus in der Gesellschaft des deutschen Vormärz, Geschichte und Gesellschaft, Sonderheft 9, Göttingen 1983

Erich Schneider, Die Feier zum 40. Jahrestag des Hambacher Festes 1872, Ein Jubiläum im Schatten der Reichsgründung, Jahrbuch des Instituts für deutsche Geschichte, Bd. 11, Tel Aviv 1982, S. 203-236

Hans Schröter (Hrsg.), Johann Georg August Wirth. Aus Haft und Exil, Briefe des Publizisten und Vormärzpolitikers aus den Jahren 1833 bis 1837, Speyer 1985

Edgar Süss, Die Pfälzer im «Schwarzen Buch«. Ein personengeschichtlicher Beitrag zur Geschichte des Hambacher Festes, des frühen pfälzischen und deutschen Liberalismus, Heidelberger Veröffentlichungen zur Landesgeschichte und Volkskunde, Nr. 3, Heidelberg 1956

Jadocus D. H. Temme, Augenzeugenberichte der deutschen Revolution 1848/49. Ein preußischer Vorkämpfer der Demokratie, Darmstadt 1996

Fritz Trautz, Das Hambacher Fest und der südwestdeutsche Frühliberalismus, Heidelberger Jahrbücher, Heidelberg 1958, Jg. 2, S. 14-52

Valentin Veit, Das Hambacher Nationalfest, Berlin 1932 Nachdruck: Frankfurt am Main 1982

Franz Xaver Vollmer, Der Traum von der Freiheit. Vormärz der 48er Revolution in Süddeutschland in zeitgenössischen Bildern, Stuttgart 1983

Claus-Peter Westrich, Hambacher Schloß - Hambacher Fest. Geschichte und Ideen, in: Neustadt an der Weinstraße, Beiträge zur Geschichte einer pfälzischen Stadt, Neustadt an der Weinstraße 1975, S. 399-415

Johann Georg August Wirth, Das Nationalfest der Deutschen zu Hambach. Unter Mitwirkung eines Redaktions-Ausschusses beschrieben, 2. Heft, Neustadt 1832, Nachdruck Vaduz/Liechtenstein 1977 und Neustadt 1981

150 Jahre Hambacher Fest, Die Pfalz am Rhein, Jg. 55, Heft 3, Mai 1982, Neustadt an der Weinstraße 1982, S. 127-238

150 Jahre Hambacher Fest, Lebendiges Rheinland-Pfalz, Jg. 19, Heft 2, Mainz 1982, S. 25-49

150 Jahre Hambacher Fest. 150 Jahre politischer Liberalismus in Deutschland, Schriftenreihe der Reinhold-Maier-Stifung zur Geschichte, Nr. 13, hrsg. von der Reinhold-Maier-Stiftung Baden-Württemberg, Stuttgart 1982

1848/49, Revolution der deutschen Demokraten in Baden, Landesausstellung im Karlsruher Schloß vom 28.2.1998 - 2.8.1998, Badisches Landesmuseum Karlsruhe, Baden-Baden 1998

Fotonachweis

Archiv für Kunst und Geschichte Berlin
18 u, 19 o, 25 u, 38, 39 o, 49 o, 55, 58, 59 o, 61, 65 u, 116 - 118

Archiv für Kunst und Geschichte,
Erich Lessing
21 u, 32, 50 o, 60, 72 r,

Archiv Historisches Museum der Pfalz Speyer
16, 92 l,

Bildarchiv Preußischer Kulturbesitz Berlin
18 o, 19 u, 20, 22 u, 23 u, 24 o, 29, 30, 36, 37 o, 39 u, 43, 46, 48, 49 u, 52, 62, 68, 69, 70 o, 71 u, 89 o, 99, 100, 112, 114, 115, 120 u, 124, 125

Bildarchiv Preußischer Kulturbesitz,
Toumazet
25 o, 37 u,

Bildarchiv Preußischer Kulturbesitz,
Jörg F. Andrea
82

Bildarchiv Preußischer Kulturbesitz,
Alfredo Dagli Orti, 1990
47 u, 59 u, 113

Braunschweigisches Landesmuseum,
Braunschweig, D. Simon
63

dpa, Brakemeier
24 u

Hartmut Frien
9, 14, 132, 133

©Historisches Museum Frankfurt a. M.,
Ursula Seitz-Gray
74 l, 121 - 123

©Historisches Museum der Pfalz Speyer,
Kurt Diehl
1 - 2, 22 o, 26, 28, 31, 41 u, 42, 47 o, 56, 57 o, 57, 70, 72, 73, 75 o, 76 - 80, 83, 84, 85 u, 86, 88, 89 m, 89 u, 90, 91, 92 r, 94 - 96, 97 u, 102 - 104, 106, 109, 120 o, 124 o, 127 - 131

©Historisches Museum der Pfalz Speyer,
Georg Merkel
85 o, 93

Saarlandmuseum in der Stiftung
Saarländischer Kulturbesitz Saarbrücken,
C. Clüsserath
41 o

Pfalzwein e.V. , Faber & Partner
10, 12

Alle übrigen Abbildungen stellten uns freundlicher Weise die Leihgeber zur Verfügung

o ist oben, u ist unten, l ist links, r ist rechts